Comment
je joue au golf

TIGER WOODS

Comment je joue au golf

en collaboration avec les rédacteurs du *Golf Digest*

LES ÉDITIONS DE
L'HOMME

Traduction : Jacques Desfossés
Révision technique : Denis Dion
Révision linguistique : Louise Bérard, Ginette Patenaude

Catalogage avant publication de Bibliothèque et Archives Canada

Woods, Tiger
Comment je joue au golf

Traduction de: *How I play golf.*

1. Golf. I. Titre.

GV965.W74314 2001   796.352'3   C2001-941449-8

Toutes les photographies ont été prises par les photographes de l'équipe du *Golf Digest* Stephen Szurlej, Dom Furore and Jim Moriarty, à moins d'avis contraire.
Allsport, Endpaper, VII, 56, 222, 223, 224-225, 226-227, 275, 286-287, 288, 292, 296-297, 305 ;
Corbis / Jerry Tubby ; Elizabeth Whiting and Associates, 298-299 ; Bob Ewell, 319-320 ;
Bill Fields, 91 ; Rusty Jarrett, 94, 248-249 ; Larry Lambrecht, 29 (left) ;
Gary Newkirk, I, 142-143, 156, 220, 240, 241, 259, 271, 281 ; Larry Petrillo, 290 ;
Kultida Woods, VIII, 18, 274 ; Illustrations : Ed Acuña, 42-43, 77, 84, 130, 149, 165, 254-255 ;
John Corbitt, 26-27, 36, 39, 41, 47, 60, 75, 84, 91, 101, 106, 133, 136, 159, 179, 189, 231, 236-237, 257, 260, 272-273, 279, 280, 300, 302-303

Pour en savoir davantage sur nos publications,
visitez notre site: **www.edhomme.com**
Autres sites à visiter: www.edjour.com
www.edtypo.com • www.edvlb.com
www.edhexagone.com • www.edutilis.com

DISTRIBUTEURS EXCLUSIFS:

• Pour le Canada et les États-Unis:
MESSAGERIES ADP*
955, rue Amherst
Montréal, Québec H2L 3K4
Tél.: (514) 523-1182
Télécopieur: (450) 674-6237
* Filiale de Sogides ltée

• Pour la France et les autres pays:
INTERFORUM
Immeuble Paryseine, 3, Allée de la Seine
94854 Ivry Cedex
Tél.: 01 49 59 11 89/91
Télécopieur: 01 49 59 11 96
Commandes: Tél.: 02 38 32 71 00
                Télécopieur: 02 38 32 71 28

• Pour la Suisse:
INTERFORUM SUISSE
Case postale 69 - 1701 Fribourg - Suisse
Tél.: (41-26) 460-80-60
Télécopieur: (41-26) 460-80-68
Internet: www.havas.ch
Email: office@havas.ch
DISTRIBUTION: OLF SA
Z.I. 3, Corminbœuf
Case postale 1061
CH-1701 FRIBOURG
Commandes: Tél.: (41-26) 467-53-33
                Télécopieur: (41-26) 467-54-66

• Pour la Belgique et le Luxembourg:
INTERFORUM BENELUX
Boulevard de l'Europe 117
B-1301 Wavre
Tél.: (010) 42-03-20
Télécopieur: (010) 41-20-24
http://www.vups.be
Email: info@vups.be

02-05

L'ouvrage original américain a été publié
par ETW Corp., une succursale de Time Warner Company
sous le titre *How I play golf*

Dépôt légal: 4e trimestre 2001
Bibliothèque nationale du Québec

ISBN 2-7619-1670-0

L'Éditeur bénéficie du soutien de la Société de développement des entreprises culturelles du Québec pour son programme d'édition.

Nous reconnaissons l'aide financière du gouvernement du Canada par l'entremise du Programme d'aide au développement de l'industrie de l'édition (PADIÉ) pour nos activités d'édition.

À ma mère et à mon père,

pour tout l'amour et le soutien

qu'ils m'ont prodigués.

TABLE DES MATIÈRES

PRÉFACE

En juin 1997, Tiger Woods convint d'écrire pour la revue *Golf Digest* une série d'articles dans lesquels il révélerait ses secrets et techniques. Une fois passée l'exaltation initiale – il s'agissait après tout de Tiger Woods !, – les éditeurs de la revue manifestèrent une certaine inquiétude : Tiger n'ayant que 21 ans à l'époque, on doutait fort qu'il serait en mesure d'élaborer des conseils pratiques à l'usage du golfeur moyen. En fait, nous croyions qu'un joueur de cet âge devait surtout tabler sur son instinct plutôt que sur une connaissance approfondie de la mécanique de l'élan et de la stratégie du jeu. Nul ne cherchait à remettre en cause le talent de Tiger qui venait d'ailleurs de remporter, deux mois auparavant, le Tournoi des Maîtres, mais il nous fallut admettre que nos attentes face à ses capacités d'auteur et d'instructeur étaient pour le moins modestes.

Très vite, cependant, nous dûmes reconnaître que nous l'avions sous-estimé. Dès notre première séance avec lui, nous fûmes stupéfaits de l'étendue de son savoir, autant en ce qui a trait aux principes fondamentaux du golf que dans sa compréhension très pointue des facteurs qui influencent l'élan. Ses explications limpides et détaillées nous laissaient pressentir que ses conseils seraient à la portée de tout golfeur, quel que soit son niveau.

En fait, cet ouvrage représente la somme actuelle des connaissances de Tiger Woods en matière de golf. Depuis la publication de ses articles dans *Golf Digest*, celui-ci a en effet beaucoup appris en matière de conditionnement physique, de nutrition et de psychologie sportive. Ces nouveaux acquis sont, pour la première fois, exposés ici à votre intention.

Un instructeur-né

Par le choix de son titre ***Comment je joue au golf***, Tiger Woods voulait que le lecteur comprenne que les techniques et conseils présentés dans ce livre sont le fruit de son expérience personnelle et que, de ce fait, ils ne conviendront pas nécessairement à tous. Cela dit, nous croyons sincèrement que cette réserve n'amoindrit en rien la pertinence et la portée de sa méthode. Ainsi, lorsque Tiger explique comment il réussit à claquer des coups de 350 verges, il est indiscutable que ses recommandations sauront améliorer la portée de vos coups de départ, et ce même si vous ne parvenez jamais à atteindre une telle distance.

Maintenant âgé de 25 ans, Tiger Woods fait montre d'une surprenante maturité, autant dans son jeu, que dans sa vie en général, et il est indéniablement le plus grand golfeur de son temps. Nous espérons que cette incursion au cœur de son univers saura vous captiver.

— LES ÉDITEURS DE *GOLF DIGEST*

AVANT-PROPOS

À l'occasion du Tournoi des Maîtres de 2001, j'ai vu Tiger se métamorphoser sous mes yeux en un champion hors pair. À peine deux années auparavant, un tel exploit m'aurait paru inimaginable. Les mots me manquent pour exprimer la fierté et la joie que j'ai ressenties en ce dimanche fatidique, alors que mon fils est venu m'embrasser après avoir empoché son dernier roulé dans le jour déclinant. La scène évoquait pour moi la victoire précédente de Tiger, quatre ans plus tôt, à son tout premier Tournoi des Maîtres ; il n'était alors qu'un petit nouveau sur le circuit professionnel. Mais cette seconde victoire avait un goût somme toute fort différent : ce n'était plus un jeune homme que je tenais dans mes bras, mais un adulte qui avait su prouver, avec pugnacité et courage, qu'il était bel et bien le meilleur au monde. « Tu as réussi, lui ai-je soufflé. Maintenant tu es réellement passé à l'histoire. Je t'aime. »

Cette aventure a débuté, il y a de cela bien des années, dans le garage de mon domicile à Cypress, en Californie. Là, perché sur sa chaise haute, un petit garçon de six mois observait attentivement son père frapper des balles de golf dans un filet. Incroyablement, le bambin pouvait se concentrer sur ce manège durant deux bonnes heures. Je crois que cela contribua au fait que, dès son plus jeune âge, Tiger disposait d'un très bel élan, impeccable du point de vue technique. La seule difficulté qu'il ait connue au début était due au fait qu'il était gaucher. En effet, il mit deux semaines à se rendre compte que je ne me tenais pas du même côté de la balle que lui. Puis un jour, au beau milieu de son élan, il a stoppé net, a changé de côté, adoptant immédiatement une prise de droitier. Dès lors il put frapper parfaitement la balle. Je n'en croyais pas mes yeux.

La technique de Tiger a bien sûr évolué au fil des années. Au début de son adolescence, son élan était ample, lâche, et suivait un plan relativement horizontal. Lorsqu'il commença à grandir plus rapidement, son entraîneur, John Anselmo, adapta son élan en conséquence, l'orientant davantage selon un plan vertical. Le but était d'éviter que Tiger ne développe cette tendance au crochet de gauche qui a tant nui à Ben Hogan à ses débuts. C'est cette version de son élan que mon fils employa sur les circuits juniors et amateurs. Il a connu de beaux succès en jouant de cette façon, n'empêche que j'étais conscient que certaines failles restaient à corriger. Après son élimination, en 1993, du concours par trous au championnat amateur de Houston, Tiger fut évalué par Butch Harmon. Ce dernier étudia bien l'élan de mon fils, puis lui dit : « Greg Norman avait une bonne paire de mains, mais toi, Tiger, tu as les mains les plus rapides que j'aie jamais vues. Dis-moi, je parie qu'à la descente tu sais instinctivement si ton bâton est ouvert ou fermé et que, juste avant l'impact, tu ajustes son orientation à l'aide de tes mains. » Étonné, Tiger lui répondit que c'était en effet le cas. Butch lui assura alors qu'ils allaient éliminer ce problème en régularisant le plan de son élan de façon à ce que la face de son bâton attaque toujours la balle perpendiculairement à la cible. En somme, il fallait faire en sorte que Tiger cesse de solliciter inconsciemment ses mains durant l'élan. Tous deux se mirent immédiatement à l'ouvrage ; je me plaçai en retrait pour les observer. Ainsi naquit leur exceptionnelle relation maître élève.

La soif d'apprendre de Tiger m'a toujours paru intarissable. C'est avec un réel cran et une ténacité à toute épreuve qu'il s'est attaqué aux obstacles que présente le golf. Il n'avait que huit ans lorsque je lui ai dit qu'il était de la trempe d'un champion et qu'il ne tenait qu'à lui de faire fructifier son talent. Je me souviens que nous regardions ensemble un match de basket-ball à ce moment-là. C'est alors que, fasciné par la force et la grâce des Magic Johnson, des Larry Bird et des Kareem Abdul-Jabbar, Tiger comprit qu'il était destiné à devenir un athlète professionnel. En fait, il démontra très tôt qu'il possédait, tout comme ses idoles, cette capacité de jouer à son meilleur dans le feu de l'action. Ayant établi des records à tous les niveaux de compétition auxquels il a participé, il est à mon sens un modèle d'excellence pour les jeunes golfeurs du monde entier. Sans compter qu'il a accompli cela affublé d'un poids supplémentaire : celui d'appartenir à une minorité. Son indomptable esprit compétitif, même au sein de circonstances difficiles, fut pour moi une perpétuelle source d'inspiration.

Tiger m'a beaucoup appris. D'ailleurs, il n'a jamais manqué de partager son temps et ses connaissances avec les autres. Adolescent, il organisait déjà des prestations au profit des enfants issus de quartiers urbains défavorisés ; maintenant, ces activités altruistes se retrouvent concentrées sous les auspices de la Fondation Tiger Woods. En ce sens, il honore la tradition d'amour et de partage que nous nous sommes efforcés de lui transmettre. Cet ouvrage, je l'espère, saura attiser en vous la même passion pour le golf qui anime mon fils. Ces pages abritent quantité de conseils techniques, mais aussi une bonne dose de raison et de sagesse. Tiger vous parle ici avec son cœur. Je sais que vous saurez l'écouter.

REMERCIEMENTS

Merci à *Golf Digest*

et à Warner Books pour avoir concerté leurs efforts,

rendant ainsi la réalisation de ce projet possible.

Je tiens également à remercier :

Rudy Duran et John Anselmo, mes premiers instructeurs ;

Jay Brunza ; Butch Harmon qui, depuis 1993,

s'est avéré un inestimable ami et entraîneur ;

Steve Williams, toujours à mes côtés pour le meilleur comme pour le pire ;

les écrivains Pete McDaniel et Guy Yocom ;

les photographes Dom Furore, Stephen Szurlej et Jim Moriarty ;

Roger Schiffman, directeur de la rédaction chez *Golf Digest*,

ainsi que la conceptrice Judy Turziano.

COMMENÇONS
PAR
LE DÉBUT

❖ ❖ ❖

L'apprentissage du golf

est un processus sans cesse renouvelé.

Avant de procéder plus avant,

jetons un bref regard en arrière.

UN NOUVEAU DÉPART

LA SOIF D'APPRENDRE

J'aime le golf pour son absolue franchise. C'est un sport pur, authentique, qui ne s'apprivoise qu'à force de patience et de courage. Ainsi, ceux qui se montrent trop empressés sur le parcours connaîtront plus souvent qu'à leur tour leur part d'échecs. Cependant, tout impitoyable qu'il soit, le golf sait aussi se montrer vulnérable. Avant chaque coup, il nous laisse entrevoir une vacillante lueur d'espoir qui nous plonge dans un état de sublime appréhension : espérant le meilleur, nous anticipons tout de même le pire.

Le golf ne fait pas de favoritisme… Et pourtant, toujours, nous nous acharnons à solliciter ses grâces.

Dès mon enfance, à l'instant précis où mon père a placé un bâton entre mes mains, je suis devenu un mordu du golf. Balle et bâton devinrent les compagnons de jeu de l'enfant unique que j'étais. Je fus tout de suite séduit par le sentiment de solitude et d'autonomie que me procurait ce jeu. Et ce sentiment persiste encore aujourd'hui. Je crois que la plupart de ceux qui tout jeunes ont succombé aux charmes du golf ont ressenti quelque chose de comparable. Deux des plus grands golfeurs de notre ère, Jack Nicklaus et Arnold Palmer, m'ont confié avoir connu une émotion similaire. C'est que le golf confère à ses fidèles une suprême indépendance. L'aphorisme voulant qu'il soit une joute solitaire opposant le golfeur au parcours n'est pas strictement exact : au bout du compte, le golfeur ne lutte qu'avec lui-même. Il doit se connaître lui-même, connaître ses forces et ses faiblesses. Et surtout, il doit adopter une attitude mentale qui lui permettra de supporter la pression du jeu. Il faut une bonne dose de courage et de sang-froid pour exécuter un coup et en accepter d'emblée les conséquences.

Le golf est un miroir qui nous révèle à nous-mêmes. Son reflet est sans pitié… Mais, toujours, nous sollicitons ses grâces.

Et puis, il y a ces rares instants où les choses se déroulent avec une aisance incroyable. Chaque élan est alors fluide et naturel et chaque coup, tel qu'envisagé. Tout golfeur a connu à un moment ou un autre ce séduisant mais fallacieux sentiment de sécurité. Il nous faut cependant accepter que ce sentiment d'invincibilité, ce volatil nirvana, nous échappera sans cesse. Les zones de confort, au golf, n'existent pas. C'est un sport qui aime bien laisser ses adeptes sur des charbons ardents. Et la perfection non plus n'existe pas dans ce domaine, sinon nous jouerions tous des trous d'un coup à chaque coup, ce qui s'avérerait vite fastidieux. J'étais étudiant de deuxième année à Stanford lorsque j'ai obtenu ma marque

(Suite à la page 19)

UN CHAMPION EN HERBE

· ·

Dès le début, on m'a appris que le golf est un sport aux multiples facettes, qu'il ne s'agit pas simplement de frapper la balle, de la trouver puis de la frapper à nouveau. L'apprentissage du golf a été pour moi un processus rempli d'expériences extraordinaires que je ne troquerais pour rien au monde. En premier lieu, on m'a bien sûr enseigné les principes fondamentaux, le fait que le bâton ne doit jamais dépasser l'horizontale au sommet de la montée, par exemple. J'ai par la suite goûté au sentiment d'assurance que procure la victoire, puis découvert à quel point cette confiance en soi constitue un net avantage en compétition. J'aimais bien gagner des trophées, mais j'aimais aussi rencontrer des légendes du golf tel Sam Snead pour leur demander un autographe.

la plus basse en compétition : un 61. C'était à la troisième partie du Pac-10 Championships.

À la partie suivante, en après-midi, j'ai réussi un 65. Jamais je n'avais joué de façon si contrôlée. Mais cela ne m'empêcha pas de récolter un boguey à chacune de ces parties, soit au 14e et au 15e trous, respectivement. Je me sentais également touché par la grâce le jour où j'ai joué, chez moi à Orlando, un 59, soit 13 sous la normale. Or, même ce jour-là je ne suis pas parvenu, sur le retour, à marquer d'oiselets aux deux trous à normale 5 et pourtant, dans les deux cas, j'avais atteint le vert en deux coups ! Tout ce que nous pouvons attendre de nous-mêmes, c'est de faire de notre mieux, sachant que parfois nos efforts s'avéreront infructueux. D'ailleurs, je crois fermement que le caractère d'un compétiteur se définit essentiellement à la façon dont il persiste face à l'échec.

Le légendaire golfeur Ben Hogan, homme peu enclin à exagérer, prétendait n'avoir réussi que quatre coups parfaits lors de sa meilleure semaine de golf. J'avoue n'avoir pas encore atteint ce niveau. En 2000, j'ai remporté 12 tournois dans le monde, y compris trois championnats majeurs ; malgré cela, je ne me souviens que d'un seul coup que je qualifierais de parfait. Nous étions à la troisième partie de l'Omnium britannique. Au 14e trou je faisais face, d'une position difficile, à un deuxième coup de 260 verges avec mon bois n° 3. Le vert était flanqué de deux fosses de sable et un vilain vent soufflait vers la droite. Je décidai donc de jouer un léger crochet de gauche. Comme il s'agissait d'un coup à l'aveuglette,

Côtoyer les grands champions du passé, comme Jack Nicklaus, est pour moi un honneur et un privilège.

Je suis une personne
foncièrement timide qui
ne se sent vraiment à l'aise
que sur un parcours de golf.
Par contre, j'avoue que
les conférences de presse
peuvent parfois être
amusantes… surtout
lorsque je viens de
remporter un tournoi !

Lors d'un tournoi, je trouve toujours une façon de me distraire durant les temps morts. Ce petit exercice, par exemple, est excellent pour la coordination œil-main.

Mon fer droit m'a valu bien des succès à l'époque où j'étais étudiant à l'université de Stanford.

j'ai ajusté mon tir sur la flèche d'une grue que j'apercevais au loin. Dans mon esprit, je me suis représenté la trajectoire de la balle, la façon dont celle-ci se comporterait après avoir touché le vert. Or, une fois dans les airs, la balle n'a jamais dévié de cette trajectoire. Le coup s'est déroulé exactement comme je l'avais imaginé. De tels moments de perfection sont marquants. Ils constituent autant d'images positives dont on peut s'inspirer par la suite. Et ces images, sur le terrain, sont décisives : elles détermineront, à mon sens, l'issue du combat.

Le golf est parfois un sport si ardu qu'on en vient à se demander s'il vaut la peine d'être pratiqué. J'ai mis un certain temps à comprendre les facteurs qui influencent mon jeu, dans le bon sens comme dans le mauvais sens. La vérité est qu'on ne peut pas tenir tous les jours la grande forme. Or, lorsqu'on a affaire à un sport aussi impitoyable que le golf, les mauvais jours se font vite catastrophiques. Un mauvais calcul d'un ou deux degrés signifie une différence de quatre à sept verges. Cela peut sembler infime, mais l'extrême précision que requiert le golf

Je sais me montrer très démonstratif lorsque je réussis un bon coup.

La déception fait partie du jeu. C'est la façon dont on compose avec elle qui nous définit en tant que compétiteur.

a pour effet de magnifier la moindre bévue. Nous avons tous connu ces jours frustrants où tout va de travers. Je n'oublierai jamais la partie finale du NCAA en 1996. Mes marques étaient excellentes, mais je m'étais battu toute la semaine pour les obtenir. Je ne me sentais tout simplement pas à l'aise lorsque j'effectuais mon élan et j'avais peine à garder mon bâton en bonne position. Je ne me tirais d'affaire que grâce à mes coups d'approche et à mes roulés. Je parvenais au vert de peine et de misère, puis mon fer droit faisait le reste. À la dernière partie, cependant, je me suis complètement effondré. Au terrain d'exercice, ce matin-là, mes coups de bois nᵒ 1 étaient lamentables. Une impuissance totale. Parfois, en pareille situation, je réévalue mes objectifs à la baisse, puis je joue ensuite une excellente partie. Ce ne fut pas le cas ce jour-là. Les tours de passe-passe qui m'avaient si bien servi tout au long de la semaine ne m'étaient plus d'aucun secours.
J'ai joué un 80 et je n'ai remporté le tournoi que grâce aux neuf coups d'avance que j'avais accumulés auparavant. Je l'avais échappé belle. Je n'avais pas du tout l'impression d'être un grand champion.

Pour réussir au golf, il faut tout d'abord accepter qu'il s'agit d'un jeu comportant des hauts et des bas, puis, en dépit de cela, avoir soif d'apprendre quelque chose de neuf à chaque partie. Mais un tel mélange de sagesse et de détermination ne s'acquiert qu'à force d'expérience et de travail diligent. Et il n'y a pas de recette magique : ce qui fonctionne pour l'un ne s'appliquera probablement pas à l'autre. La différence entre le golf et les autres sports, c'est que tout individu jouissant d'un minimum d'intelligence et de coordination motrice peut apprendre à bien jouer au golf. Ce sport n'exige qu'une chose : que nous donnions le meilleur de nous-mêmes. C'est ce à quoi je m'applique depuis mon enfance. Vous savez, moi aussi j'ai dû commencer à zéro. J'ai d'abord bénéficié de l'enseignement que me prodiguait mon père. Il fut mon premier professeur. Petit à petit, il m'a appris à identifier les techniques qui me convenaient le mieux et à éliminer celles qui ne me convenaient pas. Il m'a fait part d'importantes

leçons, autant en matière de golf que sur la vie en général. Il m'a toujours enjoint d'être moi-même ; je crois que cela a été son meilleur conseil. À mon tour, je vous offre ce conseil. Il constituera votre première leçon dans ce livre que j'écris en hommage à mes parents, à leur tendresse et à leur sens du partage. Ces derniers m'ont appris qu'il faut partager ce que l'on a de plus précieux avec ceux qu'on aime. Or, c'est dans cet esprit que je vous ferai part de l'expérience et des connaissances que j'ai acquises tout au long de ma carrière de golfeur. J'ose espérer que cet ouvrage vous permettra d'atteindre l'état de joie et de satisfaction profonde que l'on ressent lorsque l'on joue à son meilleur. À mon avis, le golf, plus que tout autre sport, représente un microcosme de l'existence : à travers les défis et obstacles qu'il pose, il nous renvoie à notre essence. Il exige de nous intégrité, esprit sportif, santé et sens esthétique. La pratique du golf ne se résume pas à un bel élan ou à un roulé réussi : c'est une leçon, non pas de perfection, mais de réalité.

Le golf est un sport qui demande patience et persévérance. Il n'y a pas de recette miracle. Mon père me disait toujours qu'on en retire ce qu'on y met. En 1998, lorsque Butch Harmon, mon entraîneur, m'a aidé à remanier mon élan, il me forçait parfois à répéter le même mouvement pendant 30 minutes. Mes bras devenaient alors gourds, lourds de fatigue, mais j'ai su persévérer et le mouvement s'est finalement inscrit dans ma mémoire musculaire.

DONNER EN RETOUR

. . . .

Mes parents ont à la fois été mes meilleurs professeurs et mes plus grands supporteurs. Ils m'ont toujours prodigué de précieux conseils et ont su me guider dans les moments difficiles. J'ai appris à croire en eux et à leur faire confiance.

À mon sens, enseigner le golf est comme élever un enfant : il s'agit de savoir inculquer à l'autre des principes fondamentalement sains. On m'a appris très jeune qu'il est essentiel de partager les connaissances que l'on possède avec les autres.

Les conseils d'un maître ne doivent pas être pris à la légère, surtout lorsque l'expérience a prouvé leur bien-fondé.

Le golf m'a beaucoup donné, à mon tour de lui donner quelque chose en retour. Si ainsi je peux aider une seule personne, cela honorera ceux qui m'ont soutenu tout au long de ma carrière.

Répétition et patience. Alliez ces deux principes aux techniques exposées dans cet ouvrage… et vous deviendrez à coup sûr un meilleur golfeur.

Contrairement aux autres manuels sur le golf, ce livre vous fera débuter sur le vert pour vous amener, à rebours pour ainsi dire, jusqu'au tertre de départ. Cette approche est conforme à l'enseignement de mon père. J'ai moi-même appris d'abord le roulé puis, ensuite, progressivement, les élans plus amples et puissants pour finir avec les coups de départ. Tout au long de cet ouvrage, vous trouverez des outils visuels, kinesthésiques, cognitifs et techniques que vous pourrez aisément mettre en pratique, quel que soit votre âge et votre niveau de jeu actuel. J'y révélerai également certains de mes secrets. Ainsi, je souhaite vivement que ce livre saura vous mener sur la voie de l'apprentissage et de la découverte et qu'il vous permettra de découvrir le golfeur puissant, précis et rigoureux qui sommeille en vous. Sans bien sûr oublier de s'amuser ! Le golf est avant tout un jeu, il faut se le rappeler. J'ai oublié cela, un jour, alors que je participais au tournoi junior de l'Orange Bowl à Miami. Au départ de la dernière partie, j'étais en tête. Mais, à l'aller, j'ai fait un double boguey. À la suite de cette erreur et bien que je fusse toujours premier, mon moral est tombé à zéro. Du coup, je me suis avoué vaincu d'avance. Ce fut la première et dernière fois où cela m'arriva. J'ai fini le tournoi en seconde place, acceptant mon trophée avec un air boudeur. Par la suite, mon père m'a vertement réprimandé. Il m'a fait comprendre quel privilège représentait le simple fait de jouer. Je n'ai plus oublié depuis ce jour que le golf est mon premier amour… et, toujours, je persiste à solliciter ses grâces.

Pour arriver à mon niveau actuel, il m'a fallu travailler d'arrache-pied,
aidé bien sûr d'un bon entraîneur, entre autres, Butch Harmon qui me prodigue ici ses précieux conseils.

LE PETIT JEU

❖❖❖

C'est sur le vert que commença

mon apprentissage du golf.

J'ai disputé mon premier Tournoi des Maîtres
en 1995, et j'étais alors étudiant à Stanford.
Au départ du premier trou, j'étais loin de me douter
que le vert me réserverait une petite surprise.

•1•
LE COUP ROULÉ

SE METTRE AU VERT

C'est en 1995 que j'ai participé à mon premier Tournoi des Maîtres. Or, je me souviens m'être présenté au départ de ce prestigieux tournoi doté d'une confiance suprême en mon coup roulé. Il faut dire qu'à l'époque où j'évoluais au sein des circuits junior et collégial, il m'arrivait assez souvent de compléter un tour de 18 trous en 21 roulés. Sur le vert, j'avais l'habitude de jouer avec aplomb, quelle que fût la longueur du coup. Ma touche était à la mesure de cette assurance.

Soit, j'étais doué et sans doute, à l'instar de bien des jeunes athlètes, me croyais-je invincible, cependant je fus brutalement rappelé à l'ordre à l'occasion de ce premier Tournoi des Maîtres. Dès le premier trou, l'occasion d'un oiselet se présenta. Je faisais face à un roulé de 20 pieds et, en mon for intérieur, j'étais convaincu que je le réussirais. Ce jour-là, le temps était pluvieux, brumeux. Or, je savais pertinemment que ce type de conditions atmosphériques ralentit les verts. Alliant cette connaissance au fait que le vert d'exercice s'était avéré, lors de ma séance d'échauffement, plus lent que ce à quoi l'on pouvait s'attendre sur ce genre de parcours, je décidai de jouer avec un peu plus de force que je ne le ferais d'ordinaire.

Je frappai donc un coup d'une bonne vélocité qui, au début du moins, sembla prometteur. La ligne était bonne. J'avais la certitude que ma balle se retrouverait dans la coupe et que je récolterais ainsi, avec brio, mon premier oiselet. C'est alors que l'impensable arriva. En bordure du trou, la balle ralentit son allure mais ne s'arrêta pas. Dépassant celui-ci, elle fit mine de stopper trois pieds plus loin, puis décida plutôt de continuer à rouler, de plus en plus vite. Bientôt elle quittait le vert pour se retrouver dans l'assistance. J'étais sidéré. Non seulement ma nouvelle position était-elle plus éloignée du trou qu'au coup précédent, de surcroît je me voyais confronté à une récupération difficile. Même mon partenaire, Jose Maria Olazabal qui défendait cette année-là le titre, n'en revenait pas. La mort dans l'âme, j'exécutai un coup d'approche roulé qui mourut 15 pieds plus loin. Ce n'est qu'au coup suivant que je réussis à empocher la balle, inaugurant ainsi mon premier Tournoi des Maîtres avec un boguey. Fort heureusement, je me suis repris avec un oiselet au deuxième trou.

C'est à au Augusta National, au terme de ce premier vert désastreux, que je me rendis compte qu'il me faudrait encore travailler très fort sur mon roulé si je voulais devenir un golfeur de calibre international. Il y a tant de dimensions différentes dans l'art du roulé qu'il constitue une discipline en soi. Ainsi, il faut avoir une bonne connaissance du parcours, savoir étudier la ligne et adopter une stratégie intelligente. Il faut aussi posséder un coup de bâton exemplaire alliant technique, touche, ainsi qu'un bon contrôle de la vélocité. Ce sont là les principes que j'aurais dû appliquer en 1995 à Augusta, lors de cet interminable et malencontreux roulé.

Vous pouvez améliorer
votre touche en faisant
des roulés les yeux fermés.
Avant d'ouvrir
à nouveau les yeux,
essayez de deviner
quelle distance
a parcourue la balle.
C'est le meilleur exercice
que je connaisse pour
le contrôle de la portée.

LA PRISE AMÉRICAINE

D e nos jours, les joueurs professionnels utilisent tant de prises différentes que l'on est en droit de se demander s'il existe une « bonne »
façon de tenir le fer droit. Quoi qu'il en soit, l'essentiel est d'adopter une
prise, une posture et une position de pieds qui nous est confortable. Le
coup lui-même n'est pas un geste compliqué : le mouvement des mains
sera d'un pied environ dans chaque direction ; les bras et le corps bougeront à peine et la tête restera parfaitement immobile. L'important est donc
d'adopter une prise favorisant sensibilité, confort et relaxation.

Ma prise du fer droit est très conventionnelle. La plupart des grands
de l'histoire du golf tenaient leur fer droit de la même façon que moi ou
disons plutôt que je tiens mon fer droit de la même façon qu'eux.

LA DIFFÉRENCE...

L a plupart des golfeurs tiennent la poignée de leur fer droit au creux
de la paume de leur main gauche de façon à ce que le manche du bâton
forme une ligne droite avec leur avant-bras gauche. Ce qui rend ma prise
particulière est le fait que la poignée de mon fer droit traverse plutôt
perpendiculairement le bas de ma main gauche. Je crois que cela me
donne une meilleure touche tout en accordant une plus grande liberté
de mouvement aux poignets.

LA PRISE
CLASSIQUE

■ Un moine
bouddhiste
m'a fait cadeau
de ce bracelet.

■ Le revers de
ma main gauche fait
face à la cible. Cette
position empêche
la main de trop pivoter
au cours de l'exécution.

■ Le revers
de ma main
droite est parallèle
à ma main gauche.
Les mains doivent
pouvoir bouger
de concert lors du
mouvement. Il sera
plus facile de garder
la face du bâton bien à
plat, surtout au moment
de l'impact, si les mains
sont perpendiculaires à
la cible.

■ Dans la prise à
chevauchement inversé,
l'index gauche est posé en
travers des doigts de la main
droite. Cette position donne
une impression d'unité,
laissant chaque main
indépendante tout en évitant
que l'une d'entre elles ne
devienne dominante.

■ Mon pouce droit est placé
juste au-dessous de mon index
droit. S'il était plus bas, ma
main et mon poignet gauches
deviendraient tendus et ne
bougeraient plus librement ;
s'il était plus haut, je contrôlerais
mal le coup.

■ Mes deux pouces sont posés
sur la poignée. Cela me donne
une plus grande sensibilité tout
au long du mouvement et surtout
au moment de l'impact.

UNE DOUCE ÉTREINTE

. . . .

Un jour, en 1998, tandis que j'étais sur le vert d'exercice avec mon entraîneur Butch Harmon, celui-ci me fit remarquer que j'étreignais mon fer droit beaucoup trop étroitement. « Si tu continues à tenir ce fer droit si serré, tu vas finir par arracher la poignée ! » me dit-il en riant. En effet, j'ai par la suite remarqué que je tenais le bâton si fermement au moment de la visée que le bout de mes doigts devenait tout blanc. J'ai donc essayé de tenir mon fer droit plus légèrement, mais alors je perdais en contrôle. Et même avec cette prise plus légère, Butch trouvait encore que j'y mettais trop de pression !

Quelques jours plus tard, Butch arriva à notre séance d'entraînement muni d'un étrange appareil qu'il fixa à la poignée de mon fer droit. Après avoir fait quelques ajustements, il m'enjoignit de tenter quelques roulés sans déclencher le mécanisme. J'agrippai mon fer et, presque aussitôt, l'appareil émit un « bip » sonore. J'ai allégé ma prise et le bruit a cessé, mais dès que je faisais mine de frapper la balle, il se déclenchait à nouveau. Bip ! Bip ! Bip !… Ce son me rendait fou !

Je suis finalement parvenu à frapper la balle sans déclencher le mécanisme. Je fus tout de suite surpris de l'aisance avec laquelle je pouvais exécuter mes roulés à l'aide de cette nouvelle prise légère. Cependant, je voulais que l'on me confirme que c'était la meilleure technique à adopter.

En 1999, au tournoi Byron Nelson Classic, j'ai rencontré Ben Crenshaw. Ben étant le maître incontesté du roulé, je lui ai demandé quelle pression il exerçait en tenant son fer droit. Il m'a répondu qu'il le tenait si légèrement qu'il lui échappait pratiquement des mains. « Plus tu tiendras ton fer droit légèrement et mieux tu sentiras la tête de bâton à l'autre bout du manche » m'a-t-il confié.

Venant de la bouche de Ben, l'argument m'a convaincu et je me suis exercé de plus belle à mettre moins de tension dans ma prise. Les résultats ne se sont pas faits attendre : ce week-end-là, j'ai joué un 63 et un 64, ce qui me valut la victoire.

QU'EST-CE QU'UNE PRISE LÉGÈRE ?

Sur une échelle de 1 à 10, je dirais que j'exerce sur mon fer droit une pression de 5. Ma prise est sans doute plus serrée que celle de Ben, mais elle me donne la touche et la sensibilité dont j'ai besoin.

Si vous avez des problèmes avec vos roulés d'approche ou vos roulés incurvés, vérifiez la force avec laquelle vous tenez votre fer droit. Assurez-vous que votre prise est suffisamment légère.

ÉVALUATEUR DE PRISE

SERRÉ À MORT

AU POIL

PRISE DE MÉMÉ

PRISE DE BÉBÉ

MESUREZ LA FORCE DE VOTRE PRISE

UNE POSTURE PARFAITE

· · · · · · · · · · · · · · ·

Dans le roulé, ce sont les petits détails qui font la différence. Un des principes fondamentaux que je tiens pour sacré est la posture. Et il ne s'agit pas simplement de la position du corps, mais aussi du niveau de relaxation que je ressens lors de l'élan arrière.

Je me tiens relativement droit à la prise de position initiale. Ainsi, je vois bien mieux ma ligne de visée que si je me tenais voûté et donc plus près du sol. De plus, cela permet à mes bras de pendre de façon libre et confortable, ce qui réduit la tension musculaire et accroît la fluidité du mouvement.

BONNE POSTURE

ÉVITEZ D'ÊTRE TROP VOÛTÉ

Bien des golfeurs se font à l'idée qu'ils connaîtront, sur le vert, de bons et de mauvais jours. Ce faisant, ils ne s'appliquent pas autant qu'ils le devraient. Sachez que le moindre effort que vous ferez à l'entraînement portera fruit.

L'ART DU ROULÉ

LA POSITION DES PIEDS

. . . .

Lorsque vous exécutez un roulé, vos jambes et votre torse ne bougeront que très peu. La position des pieds est donc ici une question de confort. Certains golfeurs favorisent un écartement élargi qui leur donne un sentiment de stabilité ; d'autres optent pour un écartement réduit qui leur permet de mieux voir la ligne de visée. Au fil des années, j'ai essayé plusieurs positions des pieds et j'ai obtenu de bons résultats avec divers degrés d'écartement.

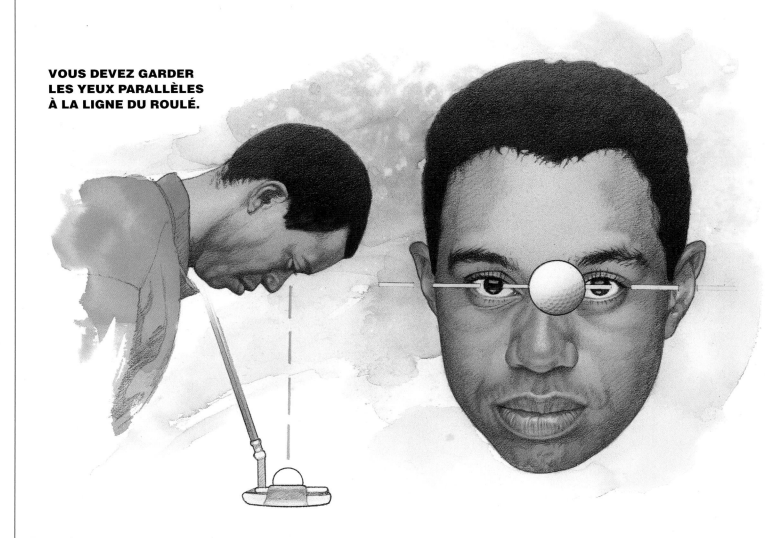

TOUT EST DANS LE REGARD

La position relative des yeux par rapport à la balle et à la ligne de visée est un aspect capital du roulé. Lorsque j'ai de la difficulté à faire rouler la balle sur la bonne ligne, j'examine plusieurs facteurs :

■ Si vos yeux sont directement au-dessus de la balle au moment de la visée, vous saurez que vous vous tenez à une distance adéquate de celle-ci et que votre posture est correcte. Ainsi, vous aurez également une bonne vue de la ligne de visée. Advenant que vous

ayez à déroger de cette position, portez votre regard légèrement à l'intérieur de la ligne. Si vos yeux sont du côté opposé de la balle relativement à votre corps, la trajectoire de vos roulés ira vers la gauche à moins que vous ne manipuliez la position du bâton durant l'exécution, ce qui est très mauvais.

■ Il est acceptable que la tête et les yeux soient un peu vers l'arrière de la balle au moment de la visée. En fait, c'est une position assez naturelle compte tenu

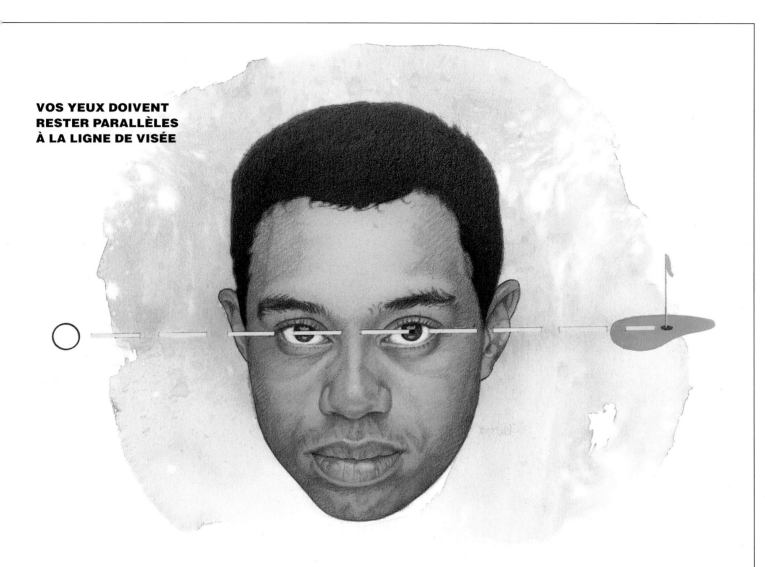

**VOS YEUX DOIVENT
RESTER PARALLÈLES
À LA LIGNE DE VISÉE**

que la plupart des golfeurs préfèrent que la balle soit légèrement décentrée vers l'avant lorsqu'ils abordent un roulé. Mes yeux sont à quelques pouces à droite de la balle lorsque je regarde en bas ; je peux alors tenir le trou en joue, pour ainsi dire, comme une cible de tir dans une mire. Ce que vous devez absolument éviter, c'est de tenir votre tête et vos yeux à l'avant de la balle, plus près du trou que la balle elle-même.

■ Vos deux yeux doivent former une ligne parallèle à la ligne de visée. Si vous déviez le moindrement de cette ligne à la prise de position initiale, l'orientation de la tête de votre fer suivra machinalement l'alignement de votre regard. Afin de conserver un alignement optimal, j'utilise la visière de ma casquette comme point de repère : si la visière est parallèle à ma ligne de visée, cela signifie que mes yeux sont également parallèles à celle-ci, à condition bien sûr que je porte ma casquette bien droite !

L'APPROCHE MÉTHODIQUE PRÉCÉDANT LE ROULÉ

. . . .

Pour bien réussir ses roulés, il faut faire preuve de constance et de fluidité non seulement dans la cadence et le rythme du coup lui-même, mais aussi lors de l'analyse préliminaire et des mouvements qui précèdent l'exécution proprement dite. Avant un roulé, je procède invariablement selon la même approche méthodique. Cette approche peut varier d'une personne à l'autre, mais, une fois que vous aurez déterminé celle qui vous convient le mieux, vous devrez y rester fidèle, coup après coup.

Ainsi, mon approche méthodique suit un ordre de mouvement et une cadence précise. Je profite aussi de l'occasion pour me mettre dans

*Mon approche préparatoire se déroule comme suit: **A-** debout derrière la balle, j'adopte une vue d'ensemble du coup à exécuter; **B-** je marche jusqu'à la coupe en longeant la ligne de visée, afin de mieux juger de l'inclinaison du vert; **C-** j'examine le terrain autour du trou; **D-** je retourne m'accroupir derrière la balle, car j'ai ainsi une meilleure idée de la force et de l'orientation du coup; **E-** me tenant à côté de la balle, je fais deux élans d'exercice; **F-** je place d'abord la tête de mon bâton derrière la balle, puis je déplace ensuite mes pieds vers l'avant; **G-** à deux reprises, je laisse mon regard suivre la ligne de visée jusqu'au trou; **H-** j'exécute le coup.*

un état d'esprit favorable et pour recueillir toute l'information dont j'ai besoin au sujet du coup auquel je fais face, si bien que, une fois que j'ai pris position devant la balle, je suis prêt mentalement et physiquement.

Personnellement, j'amorce mon approche préparatoire par une analyse minutieuse des éléments topographiques qui entrent en jeu sur le vert. La topographie environnante est également importante; par exemple:

■ S'il y a un étang ou un obstacle d'eau en bordure du vert, je sais que la balle aura tendance à dévier dans cette direction.

■ Si le parcours se trouve à proximité d'une chaîne de montagnes, la balle aura tendance à se diriger à l'opposé du plus haut sommet.

Ce n'est qu'après mûre considération de facteurs tels que ceux-ci que je commence à étudier ma ligne de roulé. Afin de gagner du temps, j'effectue cette analyse préliminaire en attendant mon tour.

UNE VÉLOCITÉ CONSTANTE TOUT AU LONG DU MOUVEMENT

J'avais quatre ans lorsque mon père m'a appris à balancer un fer droit à une vitesse constante. Observez bien un roulé fluide et vous verrez que le bâton est élancé vers l'arrière puis propulsé vers l'avant à une vélocité constante. Ainsi, si vous parvenez à bien rythmer votre élan, il vous sera beaucoup plus facile de garder la tête de bâton dans l'axe voulu et la face bien d'équerre, et ce du début à la fin du mouvement. Vous devez éviter tout changement de vélocité subit, surtout lors de l'élan avant.

LAISSEZ-VOUS GUIDER PAR VOTRE MAIN DOMINANTE

Bien que les deux mains soient engagées dans le mouvement de pendule du roulé, votre main dominante aura ici une responsabilité particulière. Si comme moi vous êtes droitier, vous aurez dans cette main une meilleure sensibilité que dans votre main gauche. C'est donc tout spécialement à cette main dominante qu'il faut inculquer un sens du rythme. À cet effet, je m'exerce souvent à frapper des roulés seulement avec ma main droite. Je m'assure alors que la tête de mon bâton se déplace à même allure que lorsque j'utilise mes deux mains. Aussi, j'arme un peu le poignet lors de l'élan arrière pour le relâcher – mais pas trop ! –, au moment de l'impact. N'oubliez pas : c'est votre main qui mène le bal ; la tête du bâton, elle, doit suivre derrière.

Je contrôle la vélocité de mon roulé en variant l'amplitude du coup et non en accélérant le mouvement de mes mains.

Le type de fer droit que vous utiliserez n'a aucune importance. L'essentiel est de choisir un fer droit qui vous mettra en confiance et dont le poids vous conviendra.

TOUS LES ÉLÉMENTS SONT EN PLACE

SE TENIR TROP LOIN DE LA BALLE EST UNE ERREUR COURANTE

LA TRAJECTOIRE DE L'ÉLAN

U ne fois que vous avez pris position, observez bien comment la face de votre fer est perpendiculaire à la ligne de visée : elle devra se trouver dans cette position exacte au moment de l'impact. Afin d'accomplir ceci, il vous faudra balancer le bâton selon un axe précis. Croyez-moi, je sais que c'est plus facile à dire qu'à faire ! Un jour, sur le vert d'exercice, Butch m'a fait remarquer que mon élan arrière tendait vers l'intérieur de la ligne de visée. J'avais de la difficulté avec mes roulés à l'époque ; or la raison était là sous mes yeux. Butch m'a expliqué que lorsque le fer droit se retrouve dans cette position lors de l'élan arrière, il faut alors faire pivoter la tête de bâton au moment de l'impact si l'on veut que la face frappe la balle bien d'équerre. Et alors, autant dire adieu au contrôle et à la précision !

Butch m'a guéri de cette mauvaise habitude à l'aide d'un petit exercice. Il a tout simplement placé la tête de son fer droit derrière celle de mon propre bâton, mais à l'intérieur de la ligne de visée. Lorsqu'il m'a demandé d'exécuter le mouvement, la tête de mon fer droit a percuté celle de son bâton alors que je m'élançais vers l'arrière. J'ai essayé à nouveau ; le même phénomène s'est produit. Après maints efforts, j'ai réussi à balancer la tête de mon bâton en ligne droite. Les résultats ne se sont pas fait attendre : mes roulés se sont améliorés aussitôt.

Il est particulièrement important que vous élanciez la tête de votre fer en ligne droite sur des roulés de cinq pieds ou moins. À l'occasion de roulés plus longs, alors que l'élan arrière est plus prononcé, vos épaules pivoteront et la tête de votre bâton se retrouvera tout naturellement à l'intérieur de la ligne de visée.

LORS DES ROULÉS LONGS, LA TÊTE DU BÂTON SERA LÉGÈREMENT À L'INTÉRIEUR DE LA LIGNE DE VISÉE.

JE CONTRÔLE LA PORTÉE DE MES COUPS EN VARIANT L'AMPLEUR DE MON ÉLAN ET NON EN CHANGEANT, AVEC LES MAINS, LA VÉLOCITÉ.

LES SIX INGRÉDIENTS ESSENTIELS D'UN BON ROULÉ

■ *Élan arrière égal au prolonger*

Afin de bien contrôler rythme et vélocité, il est primordial que l'élan arrière soit de la même amplitude que le prolonger. Lors d'un roulé de 20 pieds, par exemple, si votre élan arrière est trop court, vous devrez effectuer une accélération subite en fin de mouvement. En ce cas, votre prolonger sera trop long.

■ *Bras et épaules font le gros du travail*

Le mouvement est concentré au niveau des bras et des épaules. Ceux-ci doivent bouger de concert. Il faut tout particulièrement éviter que les bras ne bougent indépendamment des épaules lors de l'élan arrière. La prise doit rester la même : mains et doigts ne changent pas de position.

■ *Armer les poignets… légèrement*

Si l'action des mains et des poignets se fait trop prononcée, vous ne pourrez bien contrôler le mouvement de votre fer. Ces parties du corps ne jouent qu'un rôle minime dans mon roulé. Cependant, il n'est pas bon de complètement figer mains et poignets. Si votre prise de bâton est aussi légère qu'elle devrait l'être, vos poignets se désarmeront naturellement au cours du mouvement. Ceci s'applique particulièrement aux roulés d'approche, alors que l'élan est plus prononcé et la vélocité, supérieure. En règle générale, n'engagez mains et poignets qu'au minimum lors d'un coup roulé.

■ Bras et fer droit ne font qu'un

Le manche de votre bâton doit former avec votre avant-bras droit une ligne droite et continue. Afin d'accomplir ceci, fléchissez légèrement les poignets vers le bas à la prise de position initiale. Cet alignement permettra au fer de suivre exactement le mouvement des bras tout au long de l'élan. Le but est ici d'éliminer angles et effets de levier, réduisant ainsi le mouvement à ses composantes essentielles.

■ Garder la tête immobile

Observez n'importe quel bon golfeur et vous verrez qu'il garde la tête parfaitement immobile lorsqu'il exécute un roulé. Bougez la tête, ne serait-ce que d'un poil et il vous sera impossible de balancer votre fer droit sur une trajectoire précise et stable. Invariablement, le contact avec la balle en souffrira. En bougeant la tête, vous ferez pivoter vos épaules au prolonger et brosserez la balle au lieu de la frapper solidement. Exercez-vous à garder la tête immobile même après l'impact.

■ Un peu de patience !

Je ne sais pas si vous êtes comme moi, mais chaque fois que je frappe un roulé, je suis très impatient de voir si la balle se dirige bien en direction du trou. Cette forte envie de lever les yeux précipitamment comporte des conséquences néfastes. Vous faisant bouger la tête, elle compromettra le contact avec la balle. De plus, cette hâte vous empêchera de vous concentrer sur votre tâche principale qui est d'élancer votre fer en ligne droite sur la ligne de visée.

J'ai trouvé une façon astucieuse de contrecarrer cette mauvaise habitude : lors de mes séances d'entraînement, je fais des roulés en gardant mon œil gauche fermé. De cette façon, la ligne de visée disparaît complètement de ma vision périphérique et je n'ai plus cette envie hâtive de voir où s'en va la balle.

UN ROULÉ TOUT EN DOUCEUR

· ·

L e roulé est avant tout une question de touche. Le contrôle de la vélocité s'acquiert à partir d'un élan fluide et naturel. Si vous effectuez vos roulés comme un robot, tout raide et mécanique, il vous sera impossible de juger la portée du coup de façon adéquate, surtout lors des roulés longs.

OUI

Laissez le fer pivoter
Si vous gardez votre bras gauche près du corps, la tête de votre fer droit aura tendance à pivoter vers la gauche après impact. Ceci est normal. L'important est que la face du fer soit perpendiculaire à la ligne de visée au moment de l'impact.

NON

Ne forcez pas la ligne droite
Certains golfeurs, ne voulant absolument pas dévier de la ligne de visée, garderont, après l'impact, la tête de leur fer sur une ligne droite qui n'est absolument pas naturelle. Ceci ne garantit en rien un contact solide avec la balle et il devient alors quasiment impossible de contrôler la vélocité du coup.

De gauche à droite

Ici, l'important est que le fer conserve son orientation naturelle (vers l'intérieur) au prolonger. C'est en fait un coup plus difficile qu'il n'y paraît. On aura tendance à pousser la tête du bâton vers la droite (vers le trou) après impact. Or, dans ce cas, la balle aboutira à droite du trou. Ne bougez pas la tête, ayez confiance en votre ligne de visée et conservez un prolonger naturel.

LE ROULÉ INCURVÉ

De droite à gauche

La plupart des joueurs droitiers préfèrent être confrontés à un roulé qui courbe de droite à gauche. Ceci est dû au fait que, en pareil cas, leurs mains et leurs bras peuvent bouger de façon naturelle, c'est-à-dire s'éloignant du corps, après l'impact.

LES ROULÉS D'APPROCHE

· · · · · · · · · · · · · · · · · · ·

C e n'est que lorsque je réussis à atteindre le vert d'une normale 5 en deux coups que j'apprécie les longs roulés. Pourtant, ces coups sont assez fréquents ; je me trouve confronté au moins une fois par partie à un roulé de 40 pieds et plus. Évidemment, le but est ici d'éviter de jouer trois ou quatre coups sur le vert avant d'empocher la balle.

Lors d'un long roulé, mon objectif est d'envoyer la balle près du trou. Ensuite, une petite tape et l'affaire est dans le sac ! Vous me direz que mes attentes sont trop élevées. Je vous répondrai qu'il est très rare que je ne réussisse pas à expédier un roulé d'approche tout près du trou. Quoique cela arrive, bien sûr. Je pense entre autre au 17e trou au Augusta National. À l'occasion du Tournoi des Maîtres, ils tondent souvent la pelouse du côté gauche du vert. Or, cette partie du vert affiche une inclinaison prononcée courbant de gauche à droite. Que votre coup d'approche atterrisse de ce côté et vous êtes cuit. Si vous n'empochez pas la balle dès le premier roulé, celle-ci dépassera le trou à toute vitesse pour ne s'arrêter que huit pieds plus loin.

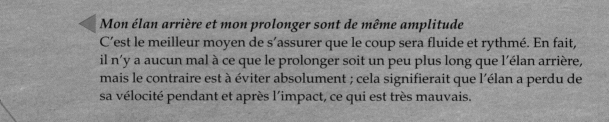

◄ Mon élan arrière et mon prolonger sont de même amplitude
C'est le meilleur moyen de s'assurer que le coup sera fluide et rythmé. En fait, il n'y a aucun mal à ce que le prolonger soit un peu plus long que l'élan arrière, mais le contraire est à éviter absolument ; cela signifierait que l'élan a perdu de sa vélocité pendant et après l'impact, ce qui est très mauvais.

▲ J'exécute mes élans d'exercice en gardant les yeux sur le trou
C'est une question de concentration. Dans mon esprit, je me figure l'amplitude d'élan idéale.

◄ Ma vélocité est constante tout au long de l'élan
Il est important que le fer droit soit en gain de vitesse au moment de l'impact. Si vous sentez que la tête du bâton se déplace à une vélocité constante du début à la fin du coup, c'est que l'accélération se sera faite correctement.

***Un long roulé sera rarement
parfaitement plat***
Le coup sera-t-il en pente ascendante
ou descendante ? M'approchant du vert,
je porte une attention particulière
à ce détail.

J'étudie les derniers six pieds du roulé
Il est capital de déterminer comment se comportera
la balle à l'approche du trou.

Le contact avec la balle doit être solide
Si je manque le point d'impact idéal ne serait-ce que
d'un demi-pouce sur la face du fer, ce qui n'est pas rare
lors de coups très longs qui nécessitent une plus grande
amplitude d'élan, je peux perdre dix pieds ou plus de
distance sur le vert.

***Quel arc décrira la balle lors
d'un roulé incurvé ?***
Il ne m'aura servi à rien de bien juger
la portée si la balle aboutit à cinq pieds
d'un côté ou de l'autre du trou.

***Le coup est-il dans le sens du grain
ou contre le grain ?***
Si mon roulé est dans le sens du
grain de la pelouse, je peux calculer
que, à force égale, il voyagera
quelques pieds de plus.

***Lorsque le coup s'étale sur deux niveaux,
je le divise en deux parties***
Dans le cas d'un coup en pente descendante,
il sera important que la balle se déplace à
la bonne vitesse lorsqu'elle arrivera au niveau
inférieur ; de même, frappant la balle lors
d'un coup en pente ascendante vers un niveau
supérieur, la vélocité devra être suffisante
pour que la balle se rende jusqu'au trou.

TIGER RACONTE : LES ALÉAS DU VERT

Le roulé le plus mémorable de ma carrière est celui que j'ai réussi à Pumpkin Ridge en 1995. J'avais déjà remporté deux championnats amateurs des États-Unis et, à Pumpkin Ridge, j'étais en voie d'en décrocher un troisième. Lors de la finale de 36 trous contre Steve Scott, j'accusais un trou de retard avec seulement deux trous à jouer. J'effectuai, au 17ᵉ trou, un coup d'approche assez médiocre qui me laissa à 30 pieds du poteau. Il fallait à tout prix que j'empoche ce long roulé pour obtenir un oiselet. Patiemment, minutieusement, j'étudiai la ligne pour conclure que le coup courberait de cinq pouces vers la droite. J'en étais absolument certain. Dès que j'ai eu frappé la balle, je savais que j'étais sur la bonne ligne, que le coup se déroulerait exactement tel que je l'avais envisagé. Aussi ne fus-je pas spécialement surpris lorsque la balle disparut dans le trou. Sans une bonne analyse préalable du vert, je n'aurais jamais pu réussir ce coup.

L'étude du vert est une science en ce sens qu'elle tient compte de facteurs physiques tels le degré d'inclinaison du terrain et le type de gazon sur lequel on jouera. Mais c'est aussi un art. Ayant fréquenté les parcours du monde entier, j'ai été confronté à diverses conditions climatiques et géographiques, ainsi qu'à d'énormes variations dans l'agronomie et le conditionne- ment des pelouses. Tous ces éléments influenceront la façon dont roulera la balle. Voici quelques conseils pratiques qui vous aideront à composer avec de tels impondérables :

■ *Rapide en matinée, lente en soirée.*
La pelouse d'un vert pousse rapi- dement. Jouez le même roulé à 8 heures du matin puis à 5 heures du soir et vous verrez que ce dernier coup sera beau- coup plus lent. Il existe bien sûr des exceptions à cette

règle. En 2000, le jour où j'ai remporté l'Omnium des États-Unis à Pebble Beach, les verts se firent plus rapi- des en après-midi. Ce matin-là, les pelouses étaient humides et donc assez lentes ; par la suite le vent s'est levé et les verts sont devenus secs et rapides.

■ *Apprenez à étudier le grain*
Lorsque le gazon pousse, les brins penchent d'un côté ou de l'autre : c'est ce qu'on appelle le grain. De nos jours, les verts sont coupés si ras que le grain n'est plus le facteur déterminant qu'il était autrefois. N'empêche qu'il faut en tenir compte, surtout si l'on joue sur un vert semé d'herbe des Bermudes. Observez bien la pelouse et vous verrez qu'elle paraît plus touffue vue d'un côté que de l'autre. Or, une balle lancée dans le sens du grain se dépla- cera plus vite qu'une balle frappée à contresens. Notez aussi que l'herbe aura tendance à pencher en direction du soleil couchant.

■ *L'influence du vent*
Un vent de 15 milles à l'heure et plus devient un facteur considérable, ce qui n'est pas étonnant compte tenu qu'une balle de golf pèse à peine plus d'une once et demie.

■ *La balle suivra les points d'écoulement des eaux*
S'il y a un étang près du vert, la balle aura tendance à rouler dans cette direction.

■ *La montagne magique*
D'étranges phénomènes peuvent se produire lorsque l'on joue à proximité d'une chaîne de montagnes. Par exemple, la balle déviera parfois de son tracé sans raison apparente. Sur un parcours situé en région montagneuse, voyez où se trouve le sommet le plus haut ; le vert accusera sans doute un dénivelé dans la direction opposée.

RÉTRÉCISSEZ
VOS HORIZONS

. . . .

Depuis quelques années, j'ai pris l'habitude de placer mes mains en œillères lorsque j'étudie le vert. Cette pratique me permet de resserrer mon champ visuel. Les nombreux spectateurs qui viennent assister aux tournois de la PGA créent un mouvement constant autour de moi. Cela peut s'avérer très gênant. Plaçant mes mains ainsi, je peux faire abstraction de ces distractions et me concentrer entièrement sur ma ligne de roulé.

Il n'y a probablement pas une telle foule lorsque vous jouez, mais bon nombre de détails viendront tout de même altérer votre concentration ; des chariots qui vont et viennent, des gens qui se promènent sur le vert, etc. Essayez alors cette technique et vous pourrez plus aisément vous concentrer.

·2·
LES COUPS
D'APPROCHE

ALLER DROIT AU BUT

Jamais je n'ai ressenti de pression plus intense que le jour où l'équipe de mon école secondaire a dû affronter ses plus grands rivaux dans une partie où seraient couronnés les champions du district. À ce niveau, les tournois étaient de neuf trous et il s'agissait de parties par coups ; la marque individuelle de chaque joueur était additionnée, le total constituant la marque de l'équipe. Mon tour arrivé, je me suis assez bien débrouillé. Au dernier trou, une normale 3, j'étais à quatre sous la normale ; mais la partie était très chaudement disputée. À la façon dont mon entraîneur et mes coéquipiers se sont agglutinés autour du vert, j'ai bien senti que l'issue du tournoi ne dépendait plus que de moi.

Mon coup de départ, beaucoup trop long, vola au-dessus du vert. Je me suis retrouvé dans l'herbe longue, faisant face à un difficile coup d'approche lobé sur une pente descendante. Cependant, ma position de balle n'était pas mauvaise. Je me suis dit que je n'aurais aucun problème à cocher la balle à proximité du trou, puis à frapper ensuite un petit roulé qui mènerait mon équipe à la victoire. Cocheur de sable en mains, j'ai adopté une position de pieds et un angle de face très ouverts. Après avoir pris une grande respiration, j'ai amorcé une belle montée, effectué une descente du tonnerre… et j'ai raté mon coup ! La face du cocheur avait glissé sous la balle qui était maintenant bien enfoncée dans l'herbe longue. J'étais confronté à un coup encore plus ardu qu'auparavant. Furieux, je repris position pour jouer un autre coché très risqué. Cette fois, j'ai envoyé la balle directement dans le trou. C'est ainsi que j'ai évité le boguey et que mon équipe a remporté le championnat.

Cet après-midi-là, j'ai appris deux choses importantes. En fait, il s'agissait de leçons que mon père tentait de me faire entrer dans le crâne depuis des années, mais que je n'avais pas réellement comprises avant ce jour. La première, c'est qu'un petit jeu efficace peut vous sauver la mise lorsque vos coups de longue portée s'avèrent peu reluisants. La seconde leçon provint de cet horrible coup que j'avais complètement raté : il m'a fait comprendre que jamais je n'atteindrais mon plein potentiel si mon petit jeu n'était pas à la hauteur.

Ainsi que vous le constaterez dans les pages qui suivent, les coups d'approche sont des coups techniquement exigeants.

CE QUE RÉVÈLENT LES STATISTIQUES

J'ai connu, en 2000, une saison de golf mémorable. Toutes les facettes de mon jeu me réussissaient. N'ayant pas vraiment de points faibles, j'ai pu remporter huit tournois, finir au premier rang parmi les

Nom TIGER WOODS

CARTE DE HANDICAP

Club Club de golf Isleworth

MARQUES OBTENUES JUSQU'AU 23/01/01-LES PLUS RÉCENTS EN PREMIER

1	*65T	*64T	*65T	72T	*67T
6	*67T	*61T	*64T	*67T	70T
11	*67T	*66T	68T	67T	70T
16	70T	72T	70T	69T	70T

FACTEUR DE HANDICAP +8.1

SUR SON PARCOURS HABITUEL

Cela veut dire que, des quatre verts que je n'atteignais pas dans le nombre de coups prescrits, je parvenais à obtenir la normale ou mieux encore pour deux d'entre eux, et cela à partir de toutes sortes de positions difficiles autour du vert. Si je ne m'en étais pas si bien tiré dans cette catégorie, cela m'aurait coûté quelques championnats, le trophée Vardon… ainsi qu'un bon paquet d'argent.

boursiers et gagner trois championnats majeurs ainsi que le trophée Vardon, accordé au joueur ayant obtenu la plus basse moyenne. Oh ! Et j'allais oublier : je fus aussi nommé joueur de l'année.

C'est à mon petit jeu que je dois en grande partie ces honneurs.

Étant parvenu à gagner le vert plus de trois fois sur quatre avec mes coups d'approche, je suis arrivé premier dans la catégorie « Verts atteints en nombre de coups prescrits ». Cela représente une moyenne de 14 verts par partie, ce qui est pour moi un record. Je suis également arrivé premier dans les coups roulés. Associez ces deux statistiques et vous comprendrez que j'ai réussi beaucoup d'oiselets.

Je me suis placé troisième dans la catégorie « Récupération », ce qui démontre encore une fois l'influence du petit jeu sur la marque finale. Même lorsque je ratais le vert avec mes coups d'approche, j'obtenais la normale ou mieux dans 67,1 p. 100 des cas.

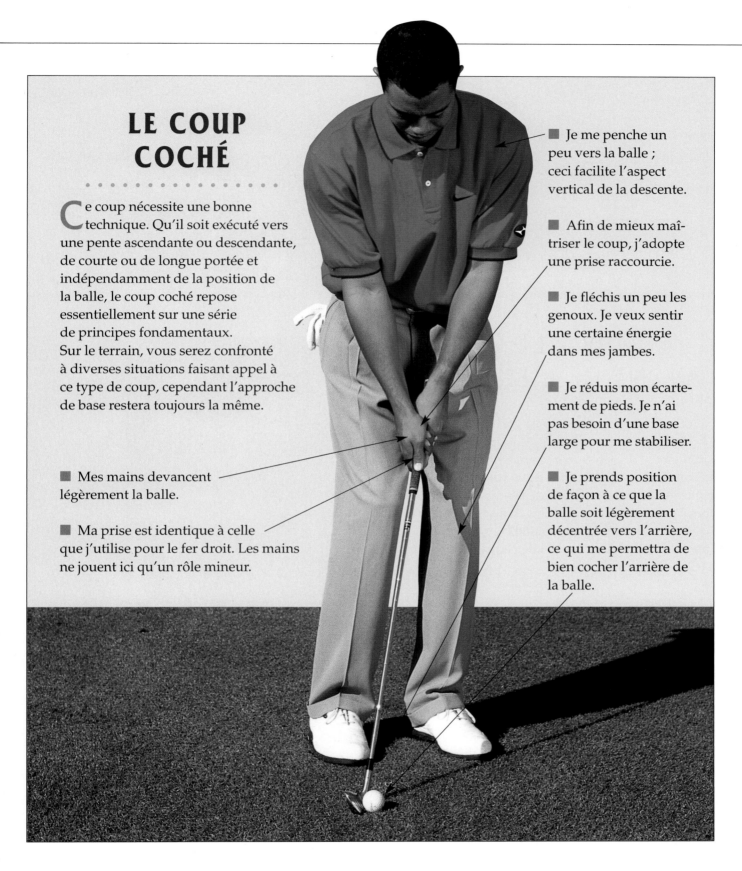

LE COUP COCHÉ

C e coup nécessite une bonne technique. Qu'il soit exécuté vers une pente ascendante ou descendante, de courte ou de longue portée et indépendamment de la position de la balle, le coup coché repose essentiellement sur une série de principes fondamentaux. Sur le terrain, vous serez confronté à diverses situations faisant appel à ce type de coup, cependant l'approche de base restera toujours la même.

■ Mes mains devancent légèrement la balle.

■ Ma prise est identique à celle que j'utilise pour le fer droit. Les mains ne jouent ici qu'un rôle mineur.

■ Je me penche un peu vers la balle ; ceci facilite l'aspect vertical de la descente.

■ Afin de mieux maîtriser le coup, j'adopte une prise raccourcie.

■ Je fléchis un peu les genoux. Je veux sentir une certaine énergie dans mes jambes.

■ Je réduis mon écartement de pieds. Je n'ai pas besoin d'une base large pour me stabiliser.

■ Je prends position de façon à ce que la balle soit légèrement décentrée vers l'arrière, ce qui me permettra de bien cocher l'arrière de la balle.

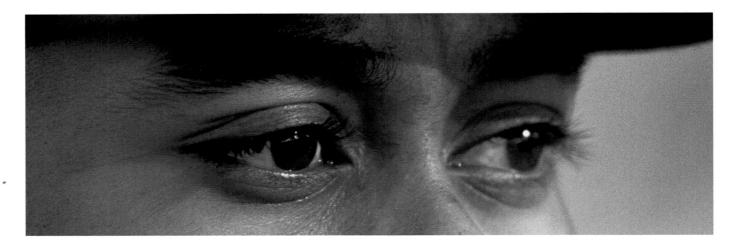

« VOIR » LE COUP AVANT DE L'EXÉCUTER

· · · · · · · · · · · · · · · · · ·

Tout comme le roulé, le coup coché nécessite une analyse préparatoire. Mais il ne s'agit pas simplement de déterminer comment se comportera la balle lorsqu'elle atterrira sur le vert. Afin de bien contrôler la portée, ce qui est plus difficile ici que lors d'un roulé, il faut d'abord choisir le point exact où atterrira la balle, puis se composer une image mentale de la trajectoire qu'elle empruntera pour arriver à ce point.

La mise au point
■ Je tiens le bâton délicatement. Mes bras sont détendus.

■ J'ouvre ma position de pieds vers la ligne de visée. Ainsi, j'aurai une meilleure vue de la ligne et je pourrai plus aisément concentrer le mouvement dans mes bras et mes épaules.

■ Je garde le menton haut et le dos droit. Il ne faut pas se tenir voûté au-dessus de la balle.

■ Je tiens le bâton très légèrement au moment de la visée.

UN MOUVEMENT EN DEUX TEMPS

L'élan du coup coché est un geste simple qui s'exécute en deux temps. Ce sont les épaules et non les bras et les mains qui amorceront le mouvement. Ce coup nécessite peu de force. Il s'agit tout simplement de frapper solidement la balle en un mouvement descendant.

■ J'amorce la montée avec les épaules ; bras et mains suivront le mouvement. Les bras doivent rester près du corps. Le rythme est ici très important : il ne faut précipiter ni la montée, ni la descente.

■ Il faut absolument frapper l'arrière de la balle en un mouvement descendant. Ne tentez pas, par quelque action que ce soit, de propulser la balle dans les airs ; l'angle de la face du bâton se chargera de cette tâche.

■ L'élan est peut-être court, mais il ne s'agit pas d'un coup piqué. L'accélération de l'élan est progressive.

■ À l'impact, les bras sont au même endroit qu'au moment de la visée. Les mains devancent la balle.

■ Je fixe mon regard sur l'arrière de la balle. Mes yeux ne bougent pas, même après l'impact.

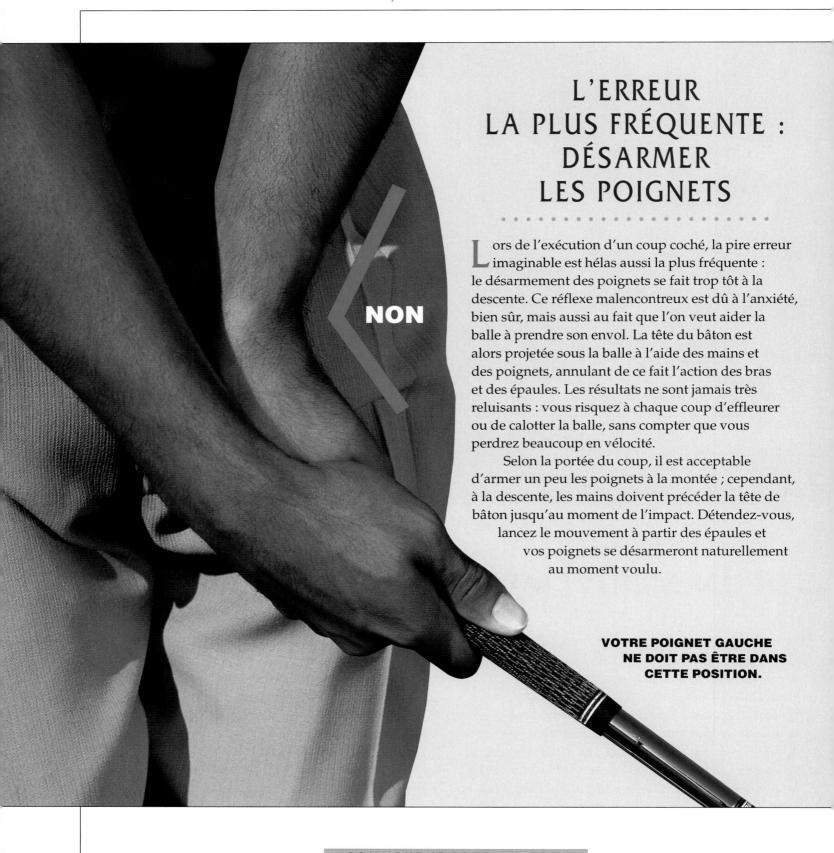

L'ERREUR LA PLUS FRÉQUENTE : DÉSARMER LES POIGNETS

NON

Lors de l'exécution d'un coup coché, la pire erreur imaginable est hélas aussi la plus fréquente : le désarmement des poignets se fait trop tôt à la descente. Ce réflexe malencontreux est dû à l'anxiété, bien sûr, mais aussi au fait que l'on veut aider la balle à prendre son envol. La tête du bâton est alors projetée sous la balle à l'aide des mains et des poignets, annulant de ce fait l'action des bras et des épaules. Les résultats ne sont jamais très reluisants : vous risquez à chaque coup d'effleurer ou de calotter la balle, sans compter que vous perdrez beaucoup en vélocité.

Selon la portée du coup, il est acceptable d'armer un peu les poignets à la montée ; cependant, à la descente, les mains doivent précéder la tête de bâton jusqu'au moment de l'impact. Détendez-vous, lancez le mouvement à partir des épaules et vos poignets se désarmeront naturellement au moment voulu.

VOTRE POIGNET GAUCHE NE DOIT PAS ÊTRE DANS CETTE POSITION.

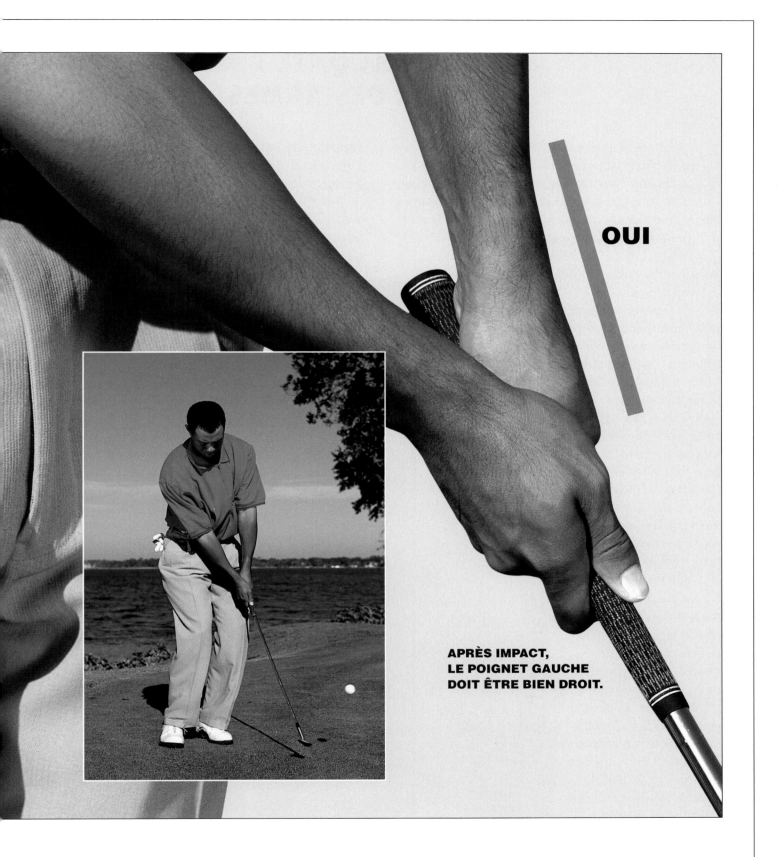

OUI

APRÈS IMPACT,
LE POIGNET GAUCHE
DOIT ÊTRE BIEN DROIT.

TIGER RACONTE :
LE CHOIX DES ARMES

Les as du petit jeu n'adaptent pas la vélocité, la trajectoire et la portée de leurs coups cochés en changeant leur élan, mais plutôt en variant leur choix de bâton. Ainsi, pour un coup coché, ils utiliseront un bâton dont l'angle d'ouverture est moindre, un fer n° 7, par exemple alors qu'un coup lobé ou de courte portée nécessitera un bâton comme le cocheur de sable, dont l'angle d'ouverture est de 60 degrés.

Nonobstant cette règle de base, tout golfeur aura un favori parmi ses fers. Personnellement, mon préféré est un cocheur de sable de 56 degrés. En 1998, au Million Dollar Challenge d'Afrique du Sud, je me suis retrouvé dans un duel intense contre Nick Price. Nous avions tous deux joué sous la normale ce jour-là et devancions de loin les autres joueurs. À un moment, au retour, Nick et moi avons tous deux réussi cinq oiselets consécutifs. Lorsque nous nous sommes présentés au départ du dernier trou, Nick menait par un coup.

Jouant le premier, Nick a claqué un coup formidable qui a tout de suite trouvé le vert. Ma balle, par contre, l'a manqué de peu. Malgré cela, j'étais plus près du trou que lui. Nick joua la normale en deux roulés. Ce fut à mon tour. Si je n'empochais pas la balle au coup d'approche, je perdais le tournoi ; mais si je réussissais le coup, Nick et moi aurions à disputer une prolongation. Je faisais face à un coup de 30 pieds, de la lisière, mais ma ligne de visée menait droit au trou. En vérité, j'aurais pu utiliser n'importe quel fer. J'ai d'abord songé au fer n° 8, puis au cocheur d'allée. Au bout du compte, mon choix s'est arrêté sur mon fidèle cocheur de sable. C'est le bâton que je préfère pour ce type de coup. J'ai choisi le point du vert où atterrirait la balle, pris position, puis j'ai frappé. Après avoir atterri exactement là où je le voulais, la balle fit quelques bonds, se mit à rouler droit sur la ligne que j'avais imaginée, puis glissa sagement dans le trou.

Nick et moi avons donc dû jouer cette prolongation dont la bourse, soit dit en passant, était de plus d'un million de dollars. Véritable professionnel, Nick ne s'est pas laissé impressionner par mon coup spectaculaire. Au bout du compte, c'est lui qui a gagné. Mais la morale de l'histoire est qu'il est acceptable de favoriser un fer plutôt qu'un autre. Si votre bâton préféré remplit son office, utilisez-le d'emblée.

COMPOSER AVEC L'HERBE LONGUE
EN LISIÈRE DU VERT

Bien des golfeurs se laissent intimider par les herbes hautes qui encerclent le vert. Et pour cause : les coups les plus difficiles partent de cette position. J'ai moi-même beaucoup travaillé ce type de coup. En 2000, au cours de l'Omnium des États-Unis à Pebble Beach, je me suis retrouvé plusieurs fois dans l'herbe longue autour du vert. Fort heureusement, j'ai réussi la normale presque chaque fois.

■ J'utilise un cocheur dont l'angle de face est de 60 degrés. L'herbe longue a tendance à fermer la face du bâton.

■ 60 p. 100 de mon poids est sur mon pied avant, celui qui est le plus près du vert. Ceci permet un angle d'attaque très aigu à la descente.

■ Ma prise sera plus ferme, tout spécialement avec la main gauche ; ceci afin de maintenir un angle de face constant malgré la résistance qu'offrira l'herbe.

■ Ma montée est très abrupte et mes poignets sont fortement armés.

■ À la descente, l'élan doit être vertical. Ainsi, la tête de bâton s'enfoncera bien dans l'herbe. Je ne veux pas attaquer la balle selon un angle plus horizontal, car en ce cas je serais à la merci de l'herbe longue.

■ Mon prolonger est très court. En réalité, si ma descente est très abrupte, mon prolonger sera stoppé net au point de frappe.

LE COUP COCHÉ AVEC LE BOIS N° 3

C'est juste avant l'Omnium des États-Unis de 1996 à Oakland Hills que Butch Harmon m'a enseigné ce coup quasiment infaillible. En fait, je ne me souviens pas d'un autre coup qui m'ait si bien réussi et aussi vite : j'eus recours à lui pour la première fois au dernier trou de la troisième partie du tournoi… et j'empochai directement la balle ! Je l'utilisai à trois reprises cette même année au championnat Quad Cities et, chaque fois, la balle a trouvé la coupe. À vrai dire, il s'agit d'un coup beaucoup plus facile qu'il n'en a l'air.

Quand l'employer

C'est lorsque votre balle se retrouvera dans les herbes courtes ou dans la lisière qui borde le vert que vous vous servirez de votre bois n° 3 pour effectuer un coup d'approche roulé. La large semelle de ce bâton vous évitera de rester coincé dans l'herbe longue au moment de l'impact. De plus, l'angle d'ouverture du bois n° 3 propulsera naturellement la balle dans les airs sur une distance de quelques pieds, juste assez pour qu'elle atterrisse doucement sur le vert avant de continuer à rouler jusqu'au trou. Toutefois, ne tentez pas ce coup si votre balle est nichée au creux des herbes hautes. Analysez soigneusement la situation avant d'avoir recours à ce bâton pour ce type de coup.

Donnez-y du poignet

Tout au long du mouvement, ma main gauche est bien détendue. La tête de mon bâton brossera la surface de l'herbe à l'amorcer, puis je solliciterai mes poignets au moment de l'impact pour lancer légèrement la face du bâton dans la balle. Il ne s'agit pas ici de cogner sèchement ou de piquer la balle, mais de tout simplement procéder à une accélération plus rapide que d'ordinaire. Il faut absolument que vous évitiez que la tête du bâton ne soit en perte de vitesse juste avant l'impact. Au prolonger, le revers de ma main gauche suivra la ligne de visée.

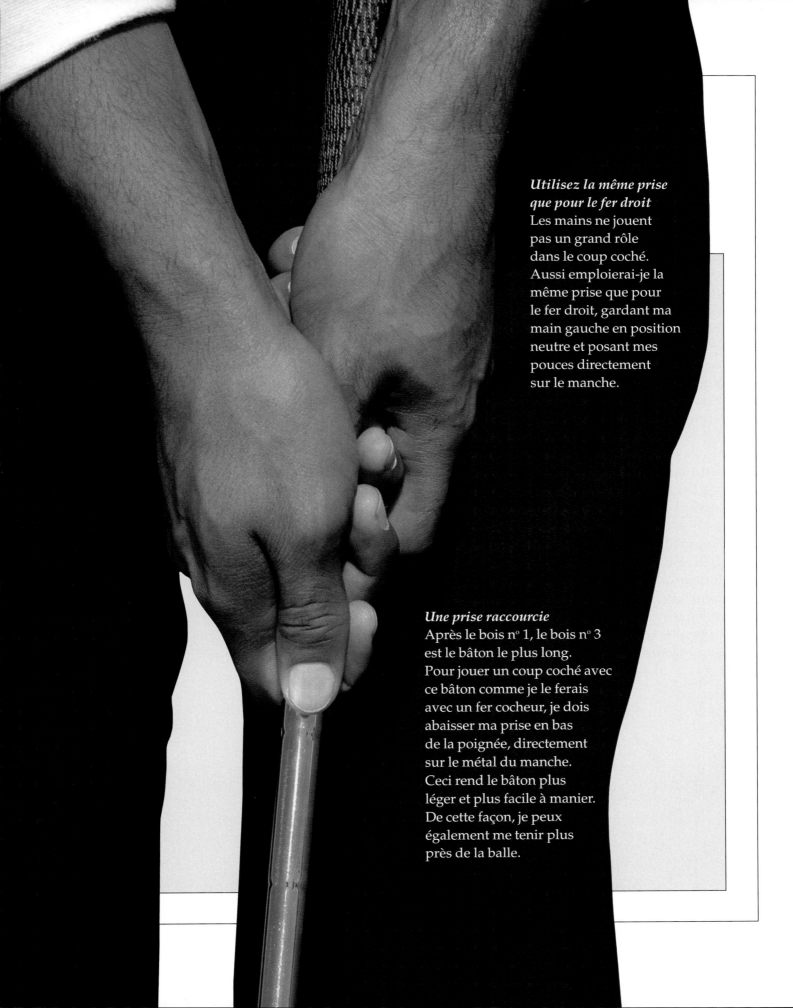

Utilisez la même prise que pour le fer droit
Les mains ne jouent pas un grand rôle dans le coup coché. Aussi emploierai-je la même prise que pour le fer droit, gardant ma main gauche en position neutre et posant mes pouces directement sur le manche.

Une prise raccourcie
Après le bois n° 1, le bois n° 3 est le bâton le plus long. Pour jouer un coup coché avec ce bâton comme je le ferais avec un fer cocheur, je dois abaisser ma prise en bas de la poignée, directement sur le métal du manche. Ceci rend le bâton plus léger et plus facile à manier. De cette façon, je peux également me tenir plus près de la balle.

LE COUP D'APPROCHE LOBÉ

● ● ● ● ● ● ● ● ● ● ● ● ● ●

Bien que faisant partie de la famille des coups d'approche retenus, le coup d'approche lobé requiert un mouvement plus prononcé des mains, des bras et du corps que le coup coché. Ici, la tête du bâton doit se déplacer plus rapidement pour que la balle prenne son essor. Il s'agit vraiment d'une version mini du plein élan. Même la partie inférieure du corps jouera ici un rôle ; ainsi, les hanches pivoteront légèrement afin de permettre aux épaules, aux bras et aux mains de bouger librement. Il s'agit d'un coup délicat. La tête du bâton aura à acquérir juste ce qu'il faut de vélocité pour faucher l'herbe et atteindre la balle, mais sans catapulter celle-ci de l'autre côté du vert.

Prédéterminer hauteur et portée de l'effet lobé

Pour parvenir à frapper la balle bien haut et délicatement à la fois, il ne faut pas employer trop de force. Voici quatre facteurs à considérer avant d'exécuter le coup d'approche lobé :

1. Choisissez un bâton ayant un grand angle de face, soit un cocheur de 60 degrés, soit un cocheur de sable ordinaire.

2. Adoptez une position ouverte en alignant vos pieds à gauche de la ligne de visée.

3. Augmentez l'angle de face afin d'obtenir plus de hauteur.

4. La balle doit être située juste au bout de votre pied gauche.

Un mouvement continu

L'objet de ce coup est de faire glisser la face du bâton sous la balle. Maintenez une bonne vélocité ; l'élan ne doit pas être stoppé abruptement après impact. Mains et tête de bâton ne doivent pas trop pivoter. Si la face du bâton pointe vers le ciel au prolonger, c'est que vous aurez exécuté le coup correctement.

Attention aux mains !

Les mains sont beaucoup plus actives lors d'un coup d'approche lobé que pour le coup coché. À la prise de position initiale, renforcez la prise de la main gauche en tournant légèrement celle-ci vers l'intérieur. Il sera ainsi plus facile d'armer les poignets. Une prise légère vous donnera une meilleure touche et une plus grande mobilité.

Laissez travailler le bâton

L'angle aigu de la montée permettra à vos poignets de s'armer de façon naturelle. Attention au rythme ! L'amplitude n'est peut-être pas très prononcée, mais l'élan doit tout de même être fluide et rythmé.

LE COUP MASSÉ DE 30 VERGES

Le massé est un coup très difficile à maîtriser. Vous aurez recours à lui lorsque la balle se trouvera à environ 30 verges du vert. Comme tous les autres coups d'approche retenus, il exige une bonne technique d'exécution ainsi qu'une touche délicate.

Afin de bien cocher la balle, je prendrai position de façon à ce qu'elle soit légèrement décentrée vers l'arrière. L'amplitude de l'élan étant ici restreinte, je peux adopter un écartement de pieds réduit, inférieur à la largeur de mes épaules. Ma montée sera brève et ample, mon bras gauche en pleine extension, et je permettrai à mes épaules et à mes hanches de pivoter légèrement.

LA MONTÉE EST BRÈVE ET AMPLE.

AU PROLONGER, MES BRAS SONT TOUJOURS DEVANT MON TORSE.

L'exécution d'un élan bref

Je n'essaie jamais de frapper la balle uniquement avec mes mains et mes bras, car il serait alors quasiment impossible de contrôler la vélocité et l'angle de face du bâton. Ce sont ici les hanches qui, en pivotant, guideront épaules, bras et mains tout au long de la descente. Si mon corps a dirigé le mouvement plutôt que mes bras et mes mains, mon prolonger sera typiquement bref.

Cette technique de base me permet de jouer n'importe quel type de coup retenu : jouant la balle un peu plus vers l'avant et utilisant un cocheur de sable, j'obtiendrai un effet lobé prononcé ; par contre, si je décentre davantage ma balle vers l'arrière et que je choisis un bâton à angle de face moindre, je serai en mesure de jouer un bombé-roulé.

LE BOMBÉ : UN COUP DIFFICILE

Le bombé est un coup qui comporte un taux de risque élevé. Je ne l'utilise que lorsque la surface du vert est réduite et qu'il n'y a aucun autre moyen de l'atteindre. Quoi qu'il en soit, c'est un coup que tout golfeur devrait posséder dans son arsenal ; la topographie environnante des verts modernes l'exige.

Position ouverte, balle vers l'avant

J'ouvre ma position de pieds et la face de mon bâton à la visée. La balle
sera à la hauteur du talon gauche. Ma prise est plus légère que d'ordinaire
afin d'obtenir une vélocité plus grande à la descente. Cet élan s'exécutant
surtout avec les mains, les bras et les épaules, je veux adopter un écartement de pieds large qui limitera le mouvement du bas du corps.

Coup retenu, mais élan prononcé

La montée sera ici très abrupte. En désarmant légèrement mon poignet
gauche, j'accentuerai l'angle de face et me garantirai un effet lobé
maximum. Un élan ample me donnera la vélocité dont j'ai besoin et
le bâton glissera sous la balle, accélérant progressivement par-delà le
point d'impact. Le prolonger est aussi très important : je ne veux pas
piquer la balle.

Lorsque je coche la balle
vers une pente ascendante,
je préfère que l'on retire
le poteau du trou.
Par contre, si la pente
est vers le bas,
il est bon que le poteau
soit là pour stopper
la balle si nécessaire.

Attaquer la balle avec la pointe du bâton
Lorsque j'utilise mon cocheur de sable de 60 degrés, je frappe la balle avec la pointe du bâton afin d'amortir l'impact. J'obtiens ainsi le même effet lobé, mais la balle atterrira alors en douceur. Cet effet d'amortissement me permet de jouer avec plus de hardiesse, sachant que la balle ne volera pas trop loin et restera très près de son point d'atterrissage.

CONNAÎTRE SES LIMITES

· · · · · · · · · · · · · · · · · · · ·

Le coup bombé ne se prête pas à toutes les circonstances. En effet, il est très difficile de le réussir à partir d'une position de balle défavorable. Pour que le cocheur glisse bien sous la balle, il est nécessaire que celle-ci soit pour ainsi dire perchée sur l'herbe, ou qu'il y ait à tout le moins un léger coussin entre elle et le sol.

Ne tentez jamais un bombé lorsque la balle est en mauvaise position. Si vous frappez le sol à l'arrière de la balle avant celle-ci, vous risquez de la calotter.

Ne tentez pas non plus ce coup si la balle est enfoncée dans l'herbe longue. L'élan du golfeur moyen n'est pas suffisamment puissant pour faucher l'herbe et frapper la balle correctement.

En revanche, vous aurez recours au coup bombé si la tête du bâton peut glisser librement sous la balle. Ce coup est plus facile qu'il n'en a l'air.

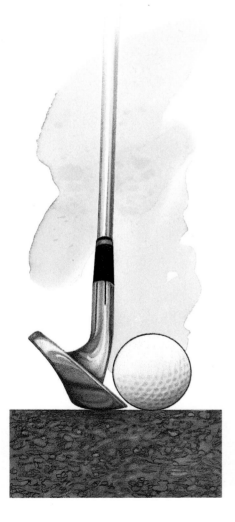

•3•
LA SORTIE
EN EXPLOSION

UNE GUERRE DE SABLE

C'est en 1997, à l'occasion du Grand Slam of Golf, que je fus confronté à l'un des coups les plus difficiles de ma carrière. Le tournoi se déroulait à Hawaii, au magnifique Poipu Bay Resort. Au départ du 16e trou, j'accusais trois coups de retard sur Ernie Els. Il ne nous restait que trois trous à jouer et j'avais désespérément besoin d'un oiselet pour rester dans la course. J'abordai mon coup de départ avec confiance, cependant je perdis un peu espoir lorsque je vis mon coup d'approche atterrir dans la fosse de sable qui gardait la droite du vert. Cet oiselet dont j'avais tant besoin me parut soudain bien improbable. Improbable… mais pas impossible. Après tout, n'avais-je pas empoché des coups semblables dans le passé ?

M'approchant de la fosse, je constatai que ma position était vraiment désastreuse. En effet, ma balle se trouvait complètement enfoncée dans le sable, qui était humide et dense. Pour couronner le tout, le coup était en direction d'une pente descendante. Même si je parvenais à faire sortir ma balle de là, elle ne collerait jamais au vert, disparaissant plutôt dans les buissons touffus qui se hérissaient par-delà celui-ci. En un mot, j'étais cuit.

Enfin, c'est ce que je croyais… jusqu'à ce que je remarque le talus situé de l'autre côté de la fosse de sable. Si je parvenais à lancer ma balle sur ce talus, elle glisserait peut-être le long de la pente et atteindrait le vert. Mes chances étaient minces, mais il me fallait tenter le coup. Je pris position devant la balle comme si je m'apprêtais à couper du bois, écartant largement les pieds. Comme le coup était en pente, mon pied gauche se trouvait à au moins 18 pouces plus bas que mon pied droit. Au lieu d'élancer mon bâton vers l'arrière, je l'ai levé droit dans les airs puis l'ai abattu dans le sable comme une hache. J'y ai mis toute ma force, gardant les yeux fermés et priant pour que la chance me sourie. Lorsque j'ai trouvé le courage d'ouvrir les yeux, j'ai vu une chose absolument incroyable. Catapultée en ligne droite tel un boulet de canon, la balle percuta violemment le talus puis bondit au moins trois pieds dans les airs avant de retomber pour se mettre à rouler sur le vert. Elle s'est arrêtée à deux pieds du trou. Lorsque je l'ai empochée, la foule était en délire. C'était la plus belle normale de ma vie. Même Ernie m'a félicité.

Au bout du compte, Ernie a conservé ses trois coups d'avance et remporté la victoire. Mais cette sortie en explosion était un des plus beaux coups de ma carrière, ma défaite m'en parut moins cuisante.

UNE PRÉPARATION
À TOUTE ÉPREUVE

• •

Ici, l'élan ainsi que la façon dont le bâton se comportera en pénétrant le sable dépendront en grande partie de votre préparation. Le processus se divise en quatre étapes :

Position ouverte
Pieds, hanches et épaules doivent être alignés vers la gauche de la cible. Ainsi votre élan s'effectuera naturellement de l'extérieur vers l'intérieur, ce qui permettra à la tête du bâton de trancher le sable et d'éjecter la balle.

Ouvrir la face
Orientez la face du bâton vers la droite de la cible comme sur la photo. Ouvrant ainsi l'angle de face, vous obtiendrez un bel effet lobé et augmenterez l'indice de rebondissement du bâton.

Ajuster la prise
Lors d'une sortie en explosion, il faut absolument éviter que la face du bâton ne pivote. Afin d'empêcher cela, placez votre main gauche de façon à ce que le dos de cette main soit face à la cible.

Position de balle décentrée vers l'avant
La balle se trouvera ici à hauteur de mon talon gauche. Ceci me donnera une trajectoire plus haute et permettra au bâton de trancher le sable aisément.

UNE TOUCHE LÉGÈRE

. . . .

C'est la technique et non la force qui régit les sorties en explosion. Vous n'avez pas à y mettre plus d'effort que lors d'un coup de 40 verges à partir de l'allée.

Réduisez l'amplitude de l'élan

La portée n'étant pas ici votre préoccupation principale, vous n'aurez pas à exécuter un élan très ample ni à pivoter le bassin. Adoptez une prise légère, un rythme fluide, et arrêtez la montée au niveau des épaules.

Armez les poignets au maximum

Ce sont mains et bras qui donneront au bâton la vélocité voulue. Armez les poignets très tôt à la montée ; fléchissez-les au maximum. Contrairement à la majorité des autres coups, ici, tout est dans les mains. Hanches et jambes ne jouent qu'un rôle mineur.

Main droite dominante

C'est la main droite qui contrôle les sorties en explosion. Son mouvement s'apparentera à un lancer de balle.

Un prolonger fluide

Bien que j'aie projeté le bâton dans le sable avec force, vous remarquerez que la pointe de mon bâton n'a pas pivoté complètement vers l'intérieur après impact. Ceci est dû à la position de ma main gauche. Gardant la face du bâton ouverte au prolonger, je sais que j'obtiendrai un bel effet lobé tout en douceur.

Ne pas piquer la balle

Vous voyez comment le sable est projeté vers l'avant ? Ce ne serait pas le cas si ma descente avait été trop abrupte. Un élan légèrement horizontal lancera la balle vers la cible sur un coussin de sable.

OÙ DOIT-ON FRAPPER ?

L a distance à laquelle le bâton pénétrera dans le sable derrière la balle dépend de la quantité d'effet que vous voulez donner à celle-ci. J'ai ici dessiné deux lignes dans le sable, chacune d'elles indiquant un point de frappe qui donnera un effet rétro plus ou moins prononcé. Par exemple, si je veux que la balle continue de rouler après avoir touché le vert, mon bâton frappera le sable à environ trois pouces derrière la balle ; elle sera alors propulsée par une épaisse couche de sable et l'effet rétro sera en ce cas négligeable. Par contre, si je veux frapper la balle plus en hauteur, avec un bon effet rétro qui la fera s'arrêter pile dès qu'elle touchera le vert, je frapperai le sable à un pouce ou moins derrière celle-ci. Il est très rare que je frappe directement la balle sans toucher au sable. En pareil cas, il me serait difficile de bien contrôler la portée du coup.

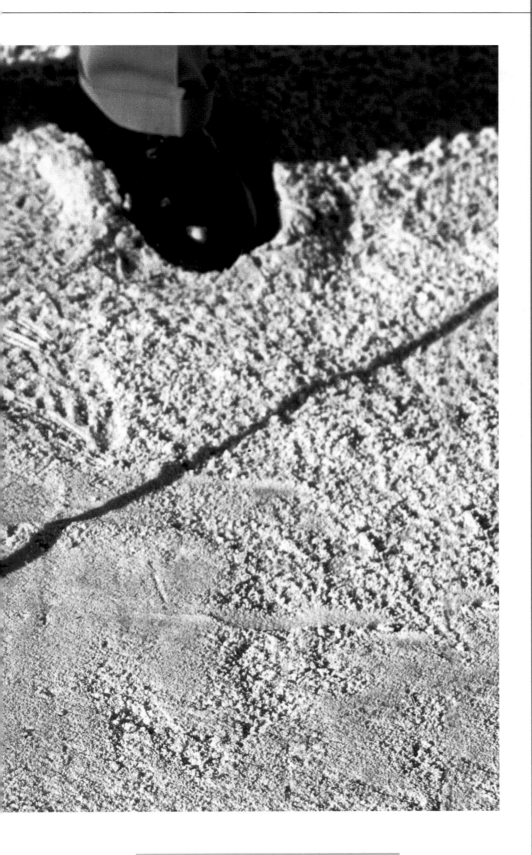

Au golf, le règlement permet
que l'on déplace, dans la fosse
de sable, un obstacle fait
de main d'homme
(un mégot de cigarette,
par exemple) ; par contre,
il est interdit de déplacer
un obstacle naturel telle une
brindille ou une feuille d'arbre.

CARACTÉRISTIQUES DU COCHEUR DE SABLE

Comparativement aux autres bâtons, le cocheur de sable à un aspect très particulier. Il est conçu de façon à ce que sa tête ne s'enfonce pas trop profondément dans le sable. Voici quelques-unes des caractéristiques qui font du cocheur de sable un bâton à part :

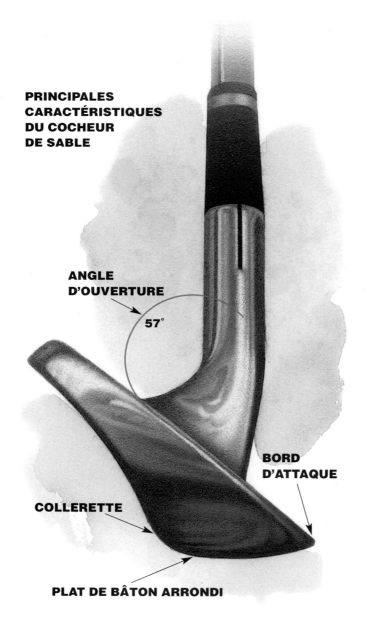

PRINCIPALES CARACTÉRISTIQUES DU COCHEUR DE SABLE

ANGLE D'OUVERTURE

57°

BORD D'ATTAQUE

COLLERETTE

PLAT DE BÂTON ARRONDI

■ La collerette sur le plat du bâton est plus basse que sur le bord d'attaque et agit comme un gouvernail qui empêchera la tête de bâton de s'enfoncer trop profondément dans le sable.

■ À l'opposé des autres bâtons, la collerette du cocheur de sable s'élargit depuis le talon jusqu'à la pointe du bâton. Ceci est une autre caractéristique qui lui permet de « fendre » le sable plutôt que de s'y enfoncer ;

■ À l'exception du fer droit, le cocheur de sable est le bâton le plus court de votre arsenal. Il est aussi le plus lourd. Cet excédent de masse lui permet de bien glisser dans le sable, jusque sous la balle.

■ De tous les bâtons, c'est le cocheur de sable qui possède le plus grand angle de face de 52 à plus de 60 degrés. Un tel angle de face est indispensable lorsque l'on veut obtenir un effet lobé prononcé.

UNE ACCÉLÉRATION CONTINUE

L'erreur la plus fréquente lors des sorties en explosion est la perte de vélocité durant l'impact. Ceci est symptomatique du fait que bien des golfeurs s'appliquent à frapper la balle même plutôt que de s'employer à frapper à travers la balle. Il est primordial que la tête de bâton soit en gain de vitesse au moment où elle touche le sable ; ceci s'applique autant aux coups longs qu'aux coups de portée moindre. Essayez d'imaginer que votre élan atteindra sa vélocité maximale six pouces après le point d'impact.

MA MAIN DROITE FAIT
L'ESSENTIEL DU TRAVAIL.

QUE FAIRE LORSQUE LA BALLE
EST ENFOUIE DANS LE SABLE ?

Une position de balle enfouie est le cauchemar de bien des golfeurs. Vous vous souvenez de ce coup miraculeux que j'ai réussi au Grand Slam of Golf d'Hawaii ? Lorsque j'ai découvert que ma balle était complètement enfouie dans le sable, croyez-moi, je n'ai pas sauté de joie. En vérité, j'étais découragé. Je faisais face à un coup pratiquement impossible à contrôler. À ce moment, je me suis dit qu'il me faudrait une bonne dose de chance rien que pour remettre la balle en jeu de façon acceptable. Quoi qu'il en soit, mon oiselet était à l'eau. La situation était catastrophique et je dois avouer que j'ai mis un temps à me ressaisir.

Si une position de balle enfouie peut réussir à me démonter à ce point, j'ose à peine imaginer quel désespoir ressentira le néophyte en pareille circonstance. Combien de fois ai-je vu un golfeur amateur se traîner piteusement jusqu'à la fosse de sable, puis frapper la balle sans vraiment analyser la situation ? En réalité, ce type de coup n'est généralement pas si difficile à exécuter. Vous ne pourrez évidemment pas contrôler la trajectoire de la balle aussi précisément que si cette dernière se trouvait en position idéale, mais vous pourrez du moins l'amener assez près du trou pour pouvoir l'empocher au coup suivant.

Le point de frappe
Pour ce type de coup, il vous faudra enfoncer le bâton très profondément dans le sable. Imaginez que

1.
LE BÂTON S'ENFONCERA DANS LE SABLE À CET ENDROIT.

2.
POSITION OUVERTE VERS LA GAUCHE.

3.
FRAPPEZ FERMEMENT LE SABLE.

vous devez creuser un trou assez grand pour enterrer un petit animal. Idéalement, le bâton touchera le sable à un point situé à deux pouces environ derrière la balle.

Position ouverte, penchée vers la gauche

Ici, l'élan sera très vertical. Le bâton doit plonger dans le sable à un angle aussi aigu que possible, aussi devrez-vous adapter votre préparation en conséquence : (1) Adoptez une position ouverte qui permettra un angle d'attaque abrupt allant de l'intérieur vers l'extérieur de la ligne de visée ; (2) Penchez-vous vers la gauche de façon à ce que votre colonne vertébrale soit bien verticale et non

inclinée vers la droite ; (3) Accentuez l'angle de face du bâton et gardez les mains en avant de la balle.

Oubliez la finesse !

L'heure n'est plus aux élans douillets. Ce coup demande beaucoup de force, particulièrement de la part de votre main droite. N'oubliez pas que l'élan est vertical, orienté vers le bas plutôt qu'horizontal. Et, comme le sable amortira votre élan, le prolonger sera très bref, soit d'environ un pied par-delà le point d'impact. Attendez-vous également à ce que la balle parcoure une certaine distance en roulant ; il est ici impossible de lui imprimer d'effet rétro.

LE COUP LE PLUS DIFFICILE

Au golf, la sortie en explosion longue est de loin le coup le plus difficile à réussir avec régularité. Je parle ici d'un coup d'environ 30 verges, trop long pour être joué de la même façon que les sorties en périphérie du vert, mais plus court que celles jouées à partir des fosses de sable d'allée. Il existe bien sûr une façon efficace de l'exécuter, mais ne vous attendez pas à le réussir du premier coup. Vous devrez vous y exercer et expérimenter avec plusieurs bâtons différents, allant du fer n° 8 jusqu'au cocheur de sable, selon la position de la balle.

Modifiez votre préparation

Tout comme le plein élan, la sortie en explosion longue sollicite le corps en entier. La position légèrement ouverte des épaules et des pieds ne doit pas entraver la rotation des hanches, et il faut que la tête du bâton attaque la balle en ligne directe avec la cible, non de l'intérieur.

Face du bâton perpendiculaire à la cible, balle vers l'avant

Si vous accentuez l'angle de face, l'effet lobé sera trop prononcé et la portée du coup s'en trouvera affectée. Afin de bien contrôler l'effet lobé, gardez la face du bâton perpendiculaire à la ligne de visée. Visez un point situé à un pouce environ derrière la balle. La précision est ici de première importance, car si vous « soulevez » trop de sable, la portée du coup sera moindre et il est probable que la balle ne se rendra pas jusqu'au vert. Inversement, si vous frappez la balle directement sans toucher le sable, le coup sera sans doute beaucoup trop long.

Un élan tout de rage contrôlée

Ce coup exigeant une vélocité maximum et de la précision, vous devrez exécuter une pleine montée. L'élan doit être fluide, rythmé, et il faut garder la tête bien immobile. Une accélération continue jusqu'au bout du mouvement assure un prolonger long et naturel.

LE CONTRÔLE DE LA PORTÉE

Considérant les facteurs qui régissent les sorties en explosion, il est très difficile de jouer tantôt un coup de faible portée, tantôt un coup plus long. Bon nombre de golfeurs tentent d'adapter la portée de leurs sorties en changeant leur angle de face ou en variant la quantité de sable qu'ils « soulèvent » avant impact. Personnellement, je préfère contrôler la portée de ces coups en me concentrant sur l'amplitude de mon prolonger. Plus le coup sera long et plus je chercherai à m'approcher (au prolonger) de l'amplitude du plein élan. Par contre, pour un coup de portée moindre, je viserai un prolonger beaucoup plus bref. Concentrez-vous comme moi sur l'amplitude de votre prolonger et vous verrez que la vélocité de votre élan s'ajustera d'elle-même.

POUR UN BEL EFFET LOBÉ, CONSERVEZ UN ANGLE DE FACE CONSTANT

. . . .

J'adore l'Omnium britannique pour ses parcours très particuliers. Les terrains de golf d'Écosse et d'Angleterre ont de ces fosses de sable profondes dans lesquelles on s'enfonce aisément, mais dont on ne se dépêtre qu'à grand-peine. Lorsque je joue sur de tels parcours, j'essaie autant que possible de garder ma balle loin de ces monstres impitoyables qui nous forcent parfois à jouer dans une direction autre que celle du vert pour s'en sortir ; je déteste perdre un coup de cette façon ! Heureusement, avec le temps, j'ai développé une certaine expertise dans l'art de les éviter. À St. Andrews, par exemple, à l'occasion de l'Omnium britannique de 2000, en une semaine de compétition, ma balle n'a pas atterri une seule fois dans une de ces horribles fosses de sable. Inutile de préciser que ce facteur a largement contribué à ma victoire.

À Carnoustie par contre, lors de l'Omnium britannique de 1999, j'ai visité les fosses à quelques reprises. La photo que vous voyez ici fut prise lors de ce tournoi. Vous voyez comment la face du bâton est pointée vers le ciel ? Cela démontre que je n'ai pas fait pivoter la tête de mon bâton durant l'impact et que mon angle de face est demeuré constant. Et regardez-moi cet éclaboussement !... Il illustre bien l'importance de plonger la tête du bâton profondément dans le sable afin qu'elle puisse bien glisser sous la balle.

Si votre position de balle vous paraît pour le moins mauvaise, tendez à jouer, relativement à votre position de pieds, la balle vers l'arrière plutôt que vers l'avant.

QUELQUES PENSÉES EXPLOSIVES

La technique de la sortie en explosion s'appuie sur des principes invariables qui s'appliquent à toute situation. Nous savons par exemple que l'on accentuera l'effet lobé en augmentant l'angle de face et en jouant la balle décentrée vers l'avant à la prise de position initiale. Il n'existe tout simplement pas de meilleur moyen d'obtenir un coup en hauteur.

Mais il existe également des principes qui découlent davantage de la stratégie et du choix de bâton que de la physique et des considérations mécaniques. Tout amateur (et en particulier les néophytes) devrait se conformer en tout temps aux règles suivantes :

■ À partir des fosses de sable d'allée, ne jouez jamais avec un bâton plus long qu'un fer n° 4 à moins que la balle ne soit en position parfaite, déposée sur la surface d'un sable humide et bien tassé.

■ Autre conseil concernant les fosses de sable d'allée : utilisez un bâton au-dessus de celui que vous choisiriez pour jouer un coup de même portée à partir de la pelouse.

■ Plus le coup est long et plus légère doit être votre prise. Ceci vous permettra d'obtenir la vélocité indispensable à toute sortie en explosion.

■ Plus mauvaise sera votre position de balle et plus vous décentrerez, à la prise de position initiale, la balle vers l'arrière.

■ Lorsque vous jouez une sortie en explosion, en périphérie du vert, visez le haut du poteau. Cela vous permettra de « penser » long et de ne pas pécher, comme cela se fait souvent en pareille situation, par une portée insuffisante.

TIGER RACONTE : COMMENT JOUER À PARTIR DES FOSSES DE SABLE D'ALLÉE

Certaines personnes me disent que le meilleur coup qu'elles m'aient jamais vu jouer est celui que j'ai fait au 72e trou de l'Omnium canadien de 2000. Je ne sais pas si ce coup exécuté à partir d'une fosse de sable d'allée avec un fer no 6 est le meilleur de ma carrière, mais il fut en effet un des meilleurs cette année-là, et sûrement une de mes sorties les plus remarquables. Il y a, à mon sens, quatre leçons à en tirer : une de stratégie, une concernant le choix de bâton, une montrant l'importance d'avoir confiance en son élan et une dernière relative à l'analyse des éléments climatiques.

Au 72e trou, donc, je m'agrippais au mince coup d'avance que j'avais sur Grant Waite. Un coup de départ mal contrôlé envoya ma balle dans une des fosses de sable de l'allée, me laissant à 216 verges du poteau. La balle de Grant, elle, était bien placée dans l'allée. Comme il allait jouer avant moi, j'ai décidé que la qualité de son coup déterminerait ma stratégie : fut-elle moyenne, je jouerais à mon tour un coup assez conservateur ; par contre, un bon coup de sa part me forcerait à jouer de manière audacieuse. Lorsque j'ai vu sa balle atterrir en plein sur le vert, à 20 pieds du trou, cela m'a pour ainsi dire forcé la main. Au lieu de choisir un bâton plus court et de viser le centre du vert, je n'avais d'autre choix que de m'armer d'un plus gros calibre, mon fer no 6, et de tenter le tout pour le tout.

Il ne s'agissait pas d'un coup facile. Même de l'allée, avec une position de balle parfaite, 216 verges est un très long

coup pour ce bâton. Et pour compliquer les choses, il pleuvait et le vent soufflait en direction d'une pièce d'eau située juste à droite du vert. Mais peu importait. Ainsi armé de courage et de mon fer no 6, je visai le centre du vert, espérant que le vent ferait dévier ma balle un peu vers la droite, du côté du trou.

Chez moi, à Orlando, j'avais développé une technique spécialement adaptée à ce type de coup : redressant légèrement le plan de mon élan, je réduisais mon angle de frappe, ce qui me donnait une plus grande marge d'erreur. J'avais également modifié la position de ma main gauche, ceci afin d'empêcher la face du bâton de pivoter au moment de l'impact. Cela avait fonctionné à l'entraînement... mais qu'en serait-il en compétition ? Je me suis dit que c'était le moment ou jamais de mettre à l'épreuve cette nouvelle technique. Et puis certains facteurs œuvraient en ma faveur : ma position de balle était excellente, j'étais détendu et j'avais jusque-là joué avec aplomb.

Je me suis placé en position ouverte, prêt à frapper un léger crochet de droite. Puis j'ai cogné. Dès l'impact, j'ai senti que le coup serait bon. Tel que je l'avais espéré, le vent fit dévier vers la droite la trajectoire de ma balle qui toucha le vert en bonne position. Deux roulés plus tard, tout était dit et je rentrais chez moi avec un autre trophée sous le bras. Outre le fait qu'il m'ait valu la victoire, ce qui m'a vraiment plu dans ce coup, c'est que je l'ai réussi alors que la pression du jeu était à son maximum.

LA TÊTE DE BÂTON NE TOUCHE PAS AU SABLE. ALLÉGEZ VOTRE PRISE.

BALLE VERS L'ARRIÈRE POUR UN CONTACT SOLIDE

Le meilleur moyen d'obtenir une portée suffisante lors d'une sortie longue est de frapper la balle solidement sans toucher, si possible, à un seul grain de sable. Prenez position de façon à ce que la balle soit plus près de votre pied arrière que lors d'un coup similaire exécuté de l'allée. Ensuite, choisissez un bâton au-dessus de ce que vous utiliseriez normalement pour un coup de cette portée. Une prise raccourcie vous permettra ici de mieux contrôler la tête du bâton. N'oubliez pas de bien enfoncer vos pieds dans le sable, ce qui vous évitera de glisser.

Juste avant l'amorce, éloignez votre menton de votre poitrine. Vous élèverez ainsi votre centre de gravité et cela vous aidera à vous tenir bien droit tout au long du mouvement. Élancez-vous à 70 p. 100 de votre puissance totale et le bâton plus long que vous aurez choisi fera le reste. Derniers conseils : l'élan doit être fluide, le prolonger long, et assurez-vous de garder la tête immobile même après l'impact.

FRAPPEZ LA BALLE SANS TOUCHER LE SABLE.

LE PLEIN ÉLAN

❖ ❖ ❖

Mon élan est et sera toujours

en cours d'amélioration

et basé sur de solides

principes fondamentaux.

·4·

LA TECHNIQUE DE L'ÉLAN

UN TRAVAIL RIGOUREUX ET CONSTANT

Après avoir remporté le Tournoi des Maîtres de 1997 avec 16 coups d'avance établissant du même coup un record avec une marque de 18 coups sous la normale , je n'avais qu'une chose en tête : fêter ça. J'aime bien m'amuser, et c'est ce que j'ai fait. J'ai passé un bon moment avec mes amis ; j'ai voyagé. En somme, je planais… et je ne me sentais pas spécialement pressé de revenir sur terre.

Une semaine plus tard, une fois estompée l'exaltation de ma victoire, je me suis décidé à visionner la cassette du tournoi avec l'intention de me concentrer sur mon plein élan. Je voulais voir si je ne trouverais pas quelque faiblesse sur laquelle travailler. À ma grande surprise, une fois le visionnement terminé, j'en avais repérées dix ! Soit, j'avais très bien frappé la balle cette semaine-là, mais selon moi mon élan n'était pas à la hauteur et je m'en étais vraiment tiré avec beaucoup de chance. Ainsi, j'ai pu observer que mon manche traversait la ligne de visée au sommet de la montée et que je tenais ma face de bâton fermée. Aussi, mon élan se déroulait sur un plan beaucoup trop vertical. La trajectoire de mes coups était bonne, mais j'obtenais une portée beaucoup trop longue avec mes fers dû au fait que je refermais l'angle de face au moment de l'impact. Tout cela était très inquiétant.

Après mûre réflexion, je me suis rendu compte que je ne me sentais pas du tout à l'aise durant mon élan. En fait, je ne m'en étais si bien tiré lors du Tournoi des Maîtres que grâce à la cadence exceptionnelle de mon élan, à la qualité de mon jeu roulé, à ma stratégie et à ma concentration. Bref, j'avais joué mieux que ma technique n'aurait dû le permettre.

Bien avant la fin de la cassette, j'ai pris la décision de complètement remanier mon élan. Butch avait déjà remarqué certaines de ces faiblesses et nous avions travaillé un peu là-dessus, mais maintenant je voyais qu'il fallait que je m'y mette sérieusement. Et tout de suite. J'ai immédiatement téléphoné à Butch pour lui faire part de ma décision. Il abondait dans le même sens.

Ce que je ne savais pas alors, c'est qu'il me faudrait attendre un an avant que les changements apportés à mon élan se fassent réellement sentir. Mais au terme de cette année de remaniement, la balle se comportait mieux et j'ai commencé à me sentir vraiment à l'aise avec mon élan. Tout ce travail que nous avions fait, Butch et moi, a finalement porté fruit. Ainsi, 1999 fut pour moi une très bonne année et je crois que, de toute ma vie, je n'ai jamais aussi bien joué qu'en 2000.

Quel que soit votre niveau en tant que golfeur, votre élan nécessitera toujours un travail rigoureux et constant. L'important est de baser vos efforts sur une technique solide que vous pourrez répéter, coup après coup. Peut-être n'atteindrez-vous jamais le niveau de perfection auquel vous aspirez, Dieu sait que j'en suis moi-même très loin, mais l'essentiel est encore et toujours, de persister.

UNE SEULE PRISE POUR TOUS LES COUPS

La prise est la pierre angulaire de l'élan. Elle aura une influence majeure sur votre posture, sur l'angle de face du bâton, sur l'angle d'attaque, bref sur l'exécution générale de l'élan. Je ne crois pas qu'il soit nécessaire d'expliquer en détail comment la prise influe sur ces facteurs. Simplement, il faut comprendre qu'une prise adéquate est à la base d'un bon élan.

Ma propre prise a évolué au fil des années. À l'époque où j'évoluais dans les rangs juniors, j'avais tendance à orienter ma main gauche vers le côté droit de la poignée, conférant par le fait-même à cette main un rôle beaucoup plus actif. Cette prise me permettait de garder la face du bâton bien perpendiculaire à la cible au moment de l'impact, ce qui améliorait en retour la portée de mes coups. Par la suite, au fur et à mesure que je grandissais et que je devenais plus fort, la position de ma main gauche a changé considérablement. Aujourd'hui, je dirais que je la place en position neutre (remarquez comment, sur la photo, on peut voir deux jointures et demi de ma main gauche). Selon moi, cette prise est la meilleure. Je sais qu'elle conviendra à la majorité des golfeurs.

Lorsque vous procédez à une quelconque modification de votre prise, ayez constamment un bâton sous la main afin de pouvoir répéter encore et encore cette nouvelle étreinte. Ainsi, vous la maîtriserez plus rapidement.

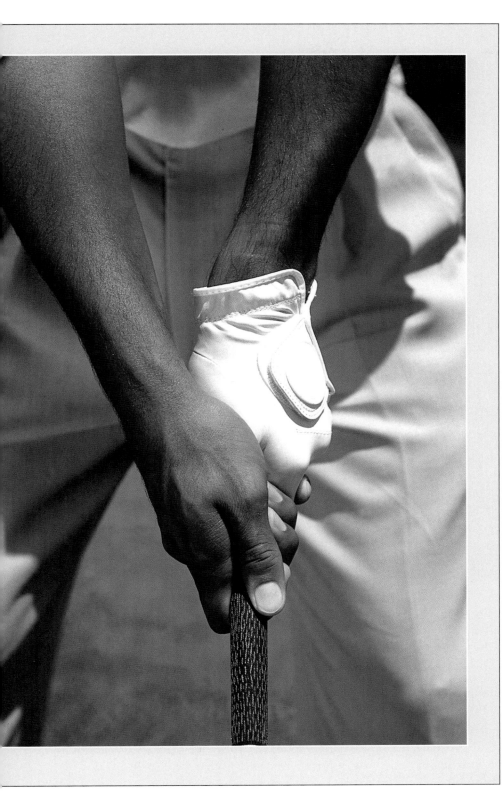

Si vous tenez à modeler
votre élan sur celui
d'un golfeur en particulier,
tenez compte de la taille
et du type physique
de ce golfeur.
Si vous êtes grand et mince,
il serait futile de calquer l'élan
d'un joueur court et trapu.

LA MAIN GAUCHE : LA MAIN DU CONTRÔLE

· · · · · · · · · · · · · · ·

L e manche du bâton traversera la main gauche
en diagonale, partant de la base de l'index jusque
sous l'auriculaire. Cette position vous procurera à
la fois sensibilité et contrôle. Il faut à tout prix éviter
de placer la poignée plus bas, vers le centre de la
paume. Sensibilité et vélocité en souffriraient.

Une fois la prise de la main gauche complétée,
déposez la tête de bâton sur le sol comme au moment
de la visée. Votre pouce gauche devrait se trouver
légèrement vers la droite sur la poignée et la pointe
du V formé par votre pouce et index droits doit
dépasser un peu votre oreille droite.

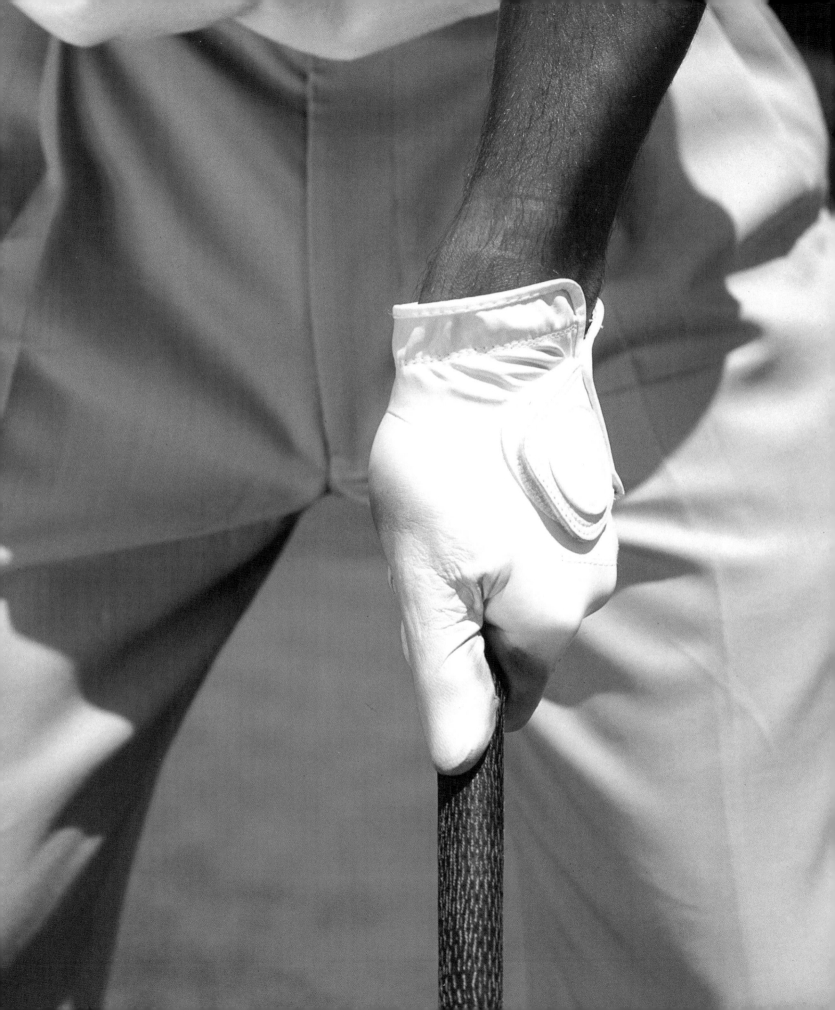

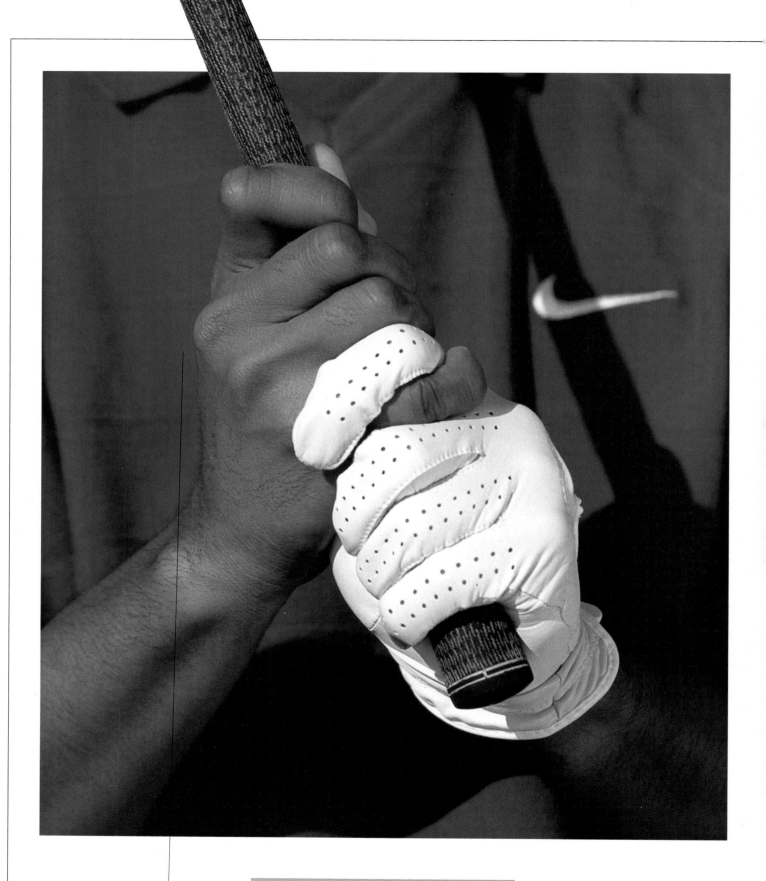

LA MAIN DROITE : LA MAIN DE LA VÉLOCITÉ

La prise de la main droite est similaire à celle de la main gauche. La principale différence est qu'ici, la poignée traversera la main à un angle moins perpendiculaire, allant du milieu de l'index jusqu'à la base de l'auriculaire. Cette position active la main droite, lui permettant de générer une bonne vélocité à la descente.

J'utilise une prise entrecroisée parce que c'est la prise que l'on m'a enseignée lorsque j'étais gamin. De plus, mon idole, Jack Nicklaus, employait la même… et moi je voulais faire comme lui ! J'aime cette prise, car elle me donne le sentiment que rien ne pourra diviser mes deux mains lors de l'élan ; mon auriculaire droit et mon index gauche sont solidement entrelacés. Cependant, je suis conscient que ce choix ne fait pas l'unanimité. La majorité des joueurs préfèrent la prise superposée où l'auriculaire droit vient se déposer sur l'index et le majeur gauches réunis. Selon moi, ces deux prises se valent. Choisissez celle qui vous convient le mieux.

Ne jugez jamais
vos séances d'entraînement
à leur durée ou
à la quantité de balles
que vous avez frappées.
Certaines séances
d'entraînement de
20 minutes figurent
parmi mes plus fructueuses.

TERRAIN
D'EXERCICE

LE PRODUIT FINI

La prise que vous utiliserez doit être confortable et vous procurer une impression d'unité. Il faut que vous sentiez que vos mains sont moulées ensemble, comme si elles avaient été faites spécialement pour tenir ce bâton. Si vous n'avez pas cette impression, répétez le mouvement encore et encore ; gardez un bâton à portée de main à cet effet.

Votre prise doit être assez légère pour favoriser sensibilité et armement des poignets, mais suffisamment ferme pour que vous puissiez garder le contrôle du bâton tout au long de l'élan. L'important est d'exercer sur la poignée une pression constante. Si vous resserrez votre prise à un moment ou un autre de l'élan, vous perdrez en contrôle et en vélocité.

À ce sujet, je crois que bon nombre de golfeurs amateurs tiennent leur bâton beaucoup trop serré parce que, au départ, leur prise est incorrecte. Craignant que le bâton ne glisse entre leurs mains, ils resserrent instinctivement leur étreinte, particulièrement au début de la descente. Ceci démontre encore une fois l'importance d'une prise parfaite. Si votre technique est efficace, vous ne penserez pas du tout à vos mains durant l'élan et serez donc plus disposé à vous concentrer sur les autres aspects du mouvement.

LA POSITION DE PIEDS :
PUISSANCE ET ÉQUILIBRE

. . . .

Durant le plein élan, la partie supérieure de votre corps exécute un mouvement très ample. Aussi est-il primordial de créer une assise solide qui soutiendra ce mouvement sans toutefois le restreindre. C'est ici que l'écartement des pieds entre en jeu.

Écartement trop étroit

Cet écartement d'une largeur d'épaules est idéal lorsque l'on joue avec un fer court ou moyen, mais il s'avérera trop étroit pour les coups de départ et autres coups nécessitant un bois. Tenant mes pieds

si près l'un de l'autre, mon équilibre sera à tout le moins précaire et je ne pourrai élancer le bâton qu'à une fraction de sa vélocité optimale.

Écartement trop large

Ici, ma position est très stable, mais l'écartement excessif de mes pieds ne favorisera pas la pleine rotation de mes hanches et de mes épaules. Leur mouvement sera restreint, autant à la montée qu'à la descente.

Écartement idéal

L'équilibre, ici, est parfait. En préparation à ce coup de départ avec le bois n° 1, l'intérieur de mes pieds est aligné à l'extérieur de mes épaules. De cette position, je peux m'élancer à pleine vapeur, sachant que ma base est solide et que mes hanches et mes épaules pourront pivoter librement.

Cet écartement optimum me permettra de transférer mon poids à ma jambe droite tout en maintenant mon genou droit fléchi. Mon équilibre est stable et je suis prêt à frapper la balle avec force, produisant une bonne vélocité à la descente.

UNE POSTURE ATHLÉTIQUE

L e golf n'est pas différent d'un autre sport en ce sens qu'il faut adopter, au départ, une posture athlétique qui nous permettra de réagir rapidement et de façon fluide sans perdre l'équilibre. Au golf, une bonne posture permettra, tout au long de l'élan, une interaction constante entre le haut et le bas du corps.

Genoux trop fléchis

Ceci est une erreur très courante chez les amateurs. La flexion exagérée des genoux inhibera ici le pivotement des épaules à la montée et à la descente, ce qui compromettra l'amplitude de l'élan et, du même coup, sa vélocité et sa précision. De plus, la tête du bâton reposera sur son talon ; la face pointera alors vers la gauche ce qui, allié à la mobilité réduite des épaules, se traduira en un coup vers la gauche ou vers la droite.

VOUS VOYEZ COMMENT LE BÂTON REPOSE SUR SON TALON ? L'ANGLE EST MAUVAIS.

Genoux pas assez fléchis

Si vous bloquez les genoux au moment de la visée, vous aurez à vous pencher vers l'avant pour atteindre la balle. Inutile de préciser que cela compromettra grandement votre équilibre tout au long du mouvement. De cette position, la partie inférieure de votre corps ne contribuera en rien à l'élan et vous ne pourrez générer plus de 70 % de votre puissance potentielle. Concentrant ainsi tout le mouvement dans le haut du corps, vous n'arriverez jamais à frapper la balle très loin.

ON DIRAIT ICI QUE JE SUIS PRIS DANS UN BLOC DE CIMENT. MES JAMBES NE PEUVENT PAS BOUGER DU TOUT.

Genoux parfaitement fléchis
Tenant mes genoux fléchis de la sorte, je suis en
parfait équilibre et prêt à frapper la balle à toute
volée. Sans compter que je me sens plus léger.
La distribution de mon poids est égale du talon
jusqu'aux orteils et mes hanches ainsi que mes
épaules peuvent pivoter librement. Au golf,
un bon coup s'élabore à partir du sol : ce sont
les pieds, les jambes et puis les hanches qui
amorcent la descente. Si vos genoux sont fléchis
correctement, vos membres inférieurs entreront
en action bien avant vos épaules, vos bras et
vos mains. Il est primordial que les différentes
composantes du mouvement s'enchaînent
selon un ordre précis.

**TEL UN ARRÊT-COURT
AU BASEBALL,
MA LIBERTÉ
DE MOUVEMENT
EST TOTALE.**

SE TENIR À UNE DISTANCE PRÉCISE DE LA BALLE

Ce facteur est intimement lié à la posture du corps et à l'angle de flexion des genoux. La distance entre vous et la balle au moment de la visée aura un effet marqué sur la qualité de votre élan. Si vous vous tenez trop près ou trop loin de la balle, vous aurez à compenser en ajustant votre posture… et pas pour le mieux !

Trop près de la balle
Cette position me force à bloquer les genoux. Ainsi que nous l'avons vu, ceci est très mauvais. De plus, cela m'oblige à tenir ma colonne vertébrale dans une position verticale exagérée. Comme vous pouvez le constater, mes bras ne pourront s'élancer librement, la rotation de mes épaules se fera trop à l'horizontale tandis que le plan de mon élan, par contre, sera par trop vertical. De cette position, je n'aurai aucun contrôle sur la trajectoire de ma balle ; de toute manière, il est certain qu'elle ne volera pas bien loin.

Trop loin de la balle
Voilà une position tout simplement horrible ! Pour atteindre la balle, je dois tendre les bras, me pencher vers l'avant, puis fléchir excessivement les genoux. Me plaçant ainsi, j'aurai tendance à relever le torse à la montée pour ensuite me pencher à nouveau vers l'avant à la descente. Avec un tel élan, la balle peut aller dans n'importe direction… sauf en ligne droite.

La bonne distance
Ici, tout indique que je me tiens à bonne distance de la balle : mes bras pendent confortablement, pas tout à fait à la verticale ; mes genoux sont fléchis correctement ; mon torse est penché vers l'avant, mais pas trop ; mon poids est distribué de façon égale des talons jusqu'aux orteils. De cette position, la rotation de mon corps pourra s'effectuer sans que j'aie à changer l'angle de ma colonne vertébrale ou le degré de flexion de mes genoux. Une fois l'élan complété, mon corps et mon bâton reviendront aisément à la position qu'ils occupaient au moment de la visée.

VOTRE POSITION
PAR RAPPORT À LA BALLE

Une mauvaise prise de position vis-à-vis la balle ne pardonne pas. En pareil cas, c'est littéralement la balle qui mène le bal. Ayant à effectuer toutes sortes de manipulations bizarres sur votre élan, vous ne parviendrez jamais à frapper la balle avec constance et perdrez tout contrôle sur sa trajectoire.

Par contre, si votre position relativement à la balle est adéquate, il est garanti que votre élan se fera plus régulier.

Les mains toujours à la même distance du corps
Peu importe le type de bâton que j'emploie, la distance de mes mains à mes cuisses reste invariablement la même. Cette distance est un point de référence important. Ainsi, bien que je doive me tenir plus loin de la balle avec le bois n° 1 qu'avec tout autre bâton, je ne dois pas avoir à me pencher vers l'avant ni à tendre les bras vers la balle lorsque je l'utilise. Notez comment le plat de mon bois n° 1 repose bien sur le sol : il doit en être de même avec tous les autres bâtons.

Les erreurs les plus fréquentes
Certaines erreurs sont très fréquentes chez les golfeurs amateurs. Par exemple, lorsqu'ils utilisent un bâton long, ils prendront position de

façon à ce que la balle soit décentrée vers l'arrière. Ceci est dû au fait qu'ils craignent de ne pouvoir atteindre celle-ci lorsqu'elle est placée vers l'avant, comme elle devrait l'être. De cette position décentrée vers l'arrière, l'angle de frappe sera erroné et la balle partira dans toutes les directions, sauf celle souhaitée, évidemment. De toute façon, il est peu probable que la balle prenne son envol. Les bâtons longs ont un angle de face très petit que cette position de balle diminuera davantage.

Par contre, avec les bâtons courts, c'est l'erreur inverse que l'on observe le plus souvent. Croyant que cela facilitera l'envolée de la balle, le golfeur amateur la placera trop vers l'avant. D'une telle position, l'impact surviendra alors que le bâton se déplace vers le haut ; c'est exactement ce qu'il ne faut pas faire pour bien lancer la balle dans les airs.

LA DISTANCE ENTRE VOUS ET LA BALLE VARIERA SELON LE BÂTON, MAIS LA DISTANCE ENTRE VOS MAINS ET VOS CUISSES DEMEURERA LA MÊME.

BOIS N° 1   FER N° 5   COCHEUR

AVEC LE BOIS N° 1,
GARDEZ LA BALLE
VERS L'AVANT.

NON   OUI

L'AMORCER, OU DÉBUT DE LA MONTÉE

Maintenant que votre prise de position initiale est parfaite, il est temps d'amorcer l'élan proprement dit. Notez que c'est le bâton et non le corps que l'on mettra d'abord en mouvement ; après tout, une position correcte devant la balle n'a d'autre but que de permettre au bâton de s'élancer selon un tracé et un plan précis.

Garder le bâton « sur la ligne »

À mi-chemin de la montée, le bâton doit être parallèle à l'alignement de vos pieds. Afin d'accomplir ceci, épaules, mains et bras doivent bouger de concert en un mouvement fluide. Partant de là, il y a de fortes chances que le bâton sera en bonne position au sommet de la montée.

Le bâton ne doit pas dévier vers l'intérieur

J'ai moi-même souvent commis cette erreur, et elle ne pardonne pas. Si, à mi-chemin de la montée, le bâton aboutit à l'intérieur de la ligne le manche étant pointé en ce cas à droite de la cible, je me verrai forcé de manipuler mon élan afin de remettre le bâton sur la bonne voie. Frappant la balle de cette ligne déviée, je la pousserai probablement vers la droite.

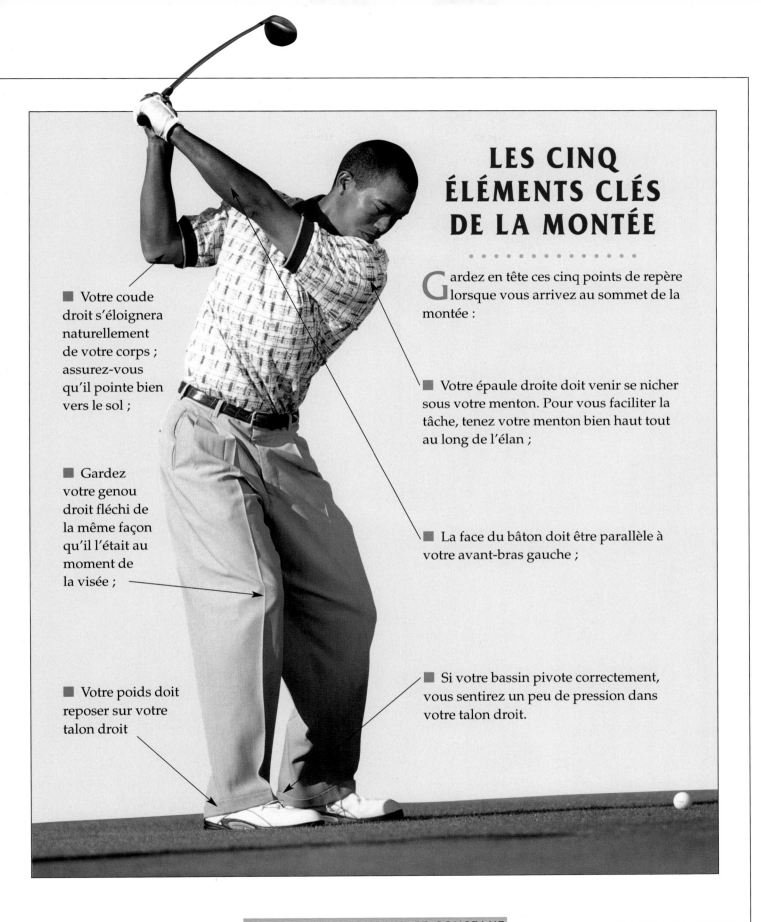

LES CINQ ÉLÉMENTS CLÉS DE LA MONTÉE

Gardez en tête ces cinq points de repère lorsque vous arrivez au sommet de la montée :

■ Votre coude droit s'éloignera naturellement de votre corps ; assurez-vous qu'il pointe bien vers le sol ;

■ Votre épaule droite doit venir se nicher sous votre menton. Pour vous faciliter la tâche, tenez votre menton bien haut tout au long de l'élan ;

■ Gardez votre genou droit fléchi de la même façon qu'il l'était au moment de la visée ;

■ La face du bâton doit être parallèle à votre avant-bras gauche ;

■ Votre poids doit reposer sur votre talon droit

■ Si votre bassin pivote correctement, vous sentirez un peu de pression dans votre talon droit.

**MON COUDE DROIT
POINTE VERS LE SOL.**

LE TRIANGLE MAGIQUE

Plus le mouvement de votre montée sera ample et prononcé et plus, potentiellement, vous générerez de vélocité et de puissance à la descente. Une bonne rotation des épaules est en cela essentielle. Les bras jouent également ici un rôle important. Au sommet de ma montée, je m'efforce de pousser mon bras gauche le plus loin possible de ma tête, laissant mon bras droit suivre le mouvement. Lorsque la face de mon bâton est bien orientée et que je suis sur la bonne ligne, mes bras et mes coudes formeront un triangle.

Ne laissez pas votre coude « s'échapper »

Tandis que vous tendez le bras gauche pour l'éloigner de votre corps, ne laissez pas votre coude droit s'échapper vers le côté ou vers le haut. Vous voyez comment le triangle de mes bras pointe à droite ? C'est le signe d'une montée disjointe dont l'exécution manque de rigueur. Les bras ne suivent pas le mouvement du corps et vice-versa. De cette position, votre descente perdra en précision et en puissance.

Ne soyez pas non plus trop « serré »

Vous briserez également l'harmonie de votre triangle si vous gardez votre coude droit pressé contre vos côtes. Ceci raccourcira l'amplitude de votre élan et créera une tension qui vous empêchera de bien coordonner le mouvement de vos bras et de votre corps à la descente.

COUDE TROP HAUT

COUDE TROP BAS

L'ENTRAÎNEMENT, ENCORE ET TOUJOURS

Tout golfeur connaîtra des états de grâce où son élan sera impeccable et son jeu, exceptionnel. Par contre, il connaîtra aussi des périodes creuses au cours desquelles il se sentira mal à l'aise chaque fois qu'il frappera la balle, des moments maudits où celle-ci aboutira partout, sauf à l'endroit précis où il voulait l'envoyer.

Mon but (et peut-être est-il utopique) est de trouver, pour mon élan, le sillon parfait, le tracé invariable qui me permettra de jouer chaque fois à mon meilleur. Et je suis conscient que cet idéal ne se réalisera qu'à force de travail et d'entraînement rigoureux. Il y a longtemps que je sais que l'amélioration ne connaît nul raccourci. Les divers éléments physiques et techniques du golf ne peuvent s'enraciner en nous qu'à force de répétition.

Certains golfeurs considèrent l'entraînement comme une corvée. Personnellement, c'est une chose que j'adore. Donnez-moi mes bâtons, un gant neuf, une bonne pile de balles et un beau terrain et je suis au paradis. Certes, je ne remporterai pas tous les matchs auxquels je participerai… mais ce ne sera pas faute d'entraînement, croyez-moi !

EN QUÊTE
DU « COULOIR »

La raison pour laquelle j'ai tant insisté sur la position du bâton à mi-chemin de la montée est que, lorsque cette position est idéale, il vous sera plus facile de gagner, au sommet de la montée, ce mythique « couloir » que recherche tout golfeur. Étudiez le placement de votre bâton dans un miroir et voyez si votre position est correcte.

J'ai trouvé le « couloir »

Au sommet de l'élan, votre bâton devrait être dans cette position. Tout comme il l'était à mi-chemin de la montée, le manche est ici parallèle à la ligne de visée. En amorçant ma descente par un déplacement du bas du corps vers la gauche et par un déroulement des hanches, je permettrai au bâton d'attaquer la balle selon un tracé et un plan idéaux.

Bâton en position relâchée
Si votre bâton pointe à gauche de la cible au sommet de la montée, l'impact se fera de l'extérieur vers l'intérieur et vous obtiendrez alors un tir vers la droite ou vers la gauche.

Bâton traversant la ligne
Si votre bâton pointe à droite de la cible au sommet de la montée, vous avez traversé la ligne de visée. Vous attaquerez alors la balle de l'intérieur, causant une déviation vers la droite ou un crochet vers la gauche.

LE BÂTON EST EN DÉSÉQUILIBRE ET SEMBLE PLUS LOURD QU'IL NE DEVRAIT L'ÊTRE.

D'ICI, LE BÂTON DEVRA SUIVRE UN TRACÉ TORTUEUX AVANT IMPACT.

LA GRAVITÉ EST VOTRE ALLIÉE

Plus grande sera la vélocité transmise au bâton au moment de l'impact et plus loin se rendra la balle. La chose peut paraître simple… eh bien, pas du tout ! En réalité, la production de vélocité et de puissance à la descente est une opération complexe. Bien des golfeurs ont le défaut de précipiter la descente, c'est-à-dire qu'ils s'élancent de toute leur force dès l'instant où la montée est complétée. Procédant ainsi, ils gâchent complètement l'ordre naturel du mouvement : leurs épaules devancent leurs bras qui devancent leurs mains qui devancent le bâton… Toute cette vélocité vient beaucoup trop tôt, ce qui fait que la tête du bâton se trouve en perte de vitesse au moment de l'impact alors que c'est tout le contraire qui devrait se produire.

J'aime amorcer ma descente en transférant doucement mon poids sur mon pied gauche puis en laissant « tomber », pour ainsi dire, mes bras devant mon torse. Je ne veux pas que mes épaules bougent avant mes bras et donc je ne déroule pas celles-ci tout de suite. Cette longueur d'avance permet à mes bras de travailler de concert avec mes épaules, rendant mon élan beaucoup plus puissant. Lorsque le rythme de mon élan est impeccable, je peux frapper la balle très loin sans vraiment y mettre d'effort.

TIGER RACONTE : L'IMPACT TECHNOLOGIQUE

C'est un réel privilège que de jouer au golf à une ère où tant d'outils technologiques sont à ma disposition. De tels outils me permettent de progresser plus rapidement. Ils maximisent ma performance et m'aident à mieux comprendre chacune des composantes de mon élan. La technologie moderne me rend plus compétitif. C'est un fait que je ne nie pas. Au contraire, je crois qu'il est important de rester ouvert aux innovations qui, potentiellement, peuvent faire de nous de meilleurs golfeurs.

Pour ma part, je dispose de quantité d'outils. Et je les utilise tous ! Grâce aux caméras vidéo à haute vitesse, par exemple, il m'est possible d'étudier mon élan sous tous ses angles et de détecter la plus infime lacune. Aussi ne comporte-t-il plus aucun mystère pour moi. Ma connaissance intime des causes et des effets du mouvement me permet rapidement d'identifier les facteurs qui ont fait que j'ai bâclé un coup.

Je bénéficie de bien d'autres avantages techniques. Mes bâtons sont fabriqués selon des spécifications qui me sont propres. Angle de face, angle d'inclinaison et degré de flexibilité du manche et distribution du poids sont calculés avec une absolue précision. Je choisis mes balles en fonction de la qualité de leur rotation et de la façon dont elles réagissent à l'impact. Conçu spécifiquement pour améliorer mes performances au golf, mon régime d'entraînement met l'accent sur force, flexibilité et endurance. Je m'intéresse en outre à la nutrition et à la physiologie du corps humain en général, et mes connaissances en psychologie sportive ont renforcé mon esprit compétitif du point de vue intellectuel et émotionnel.

Tant de moyens… et tout ça pour m'aider à mieux cogner sur une balle avec un bâton ! Mais sérieusement, je suis impatient de voir quelles innovations nous attendent encore dans chacun de ces domaines. Quelles qu'elles soient, elles ne pourront que nous aider à devenir de meilleurs golfeurs.

À L'ATTAQUE !

Ici, je donne toute la gomme. Et pourquoi m'en priver ? Ma prise de position initiale était parfaite, ma montée fluide et confortable et la cadence de ma descente, impeccable. Ayant étudié des milliers d'images de mon élan juste avant impact, je sais tout de suite que cette balle fera un crochet de cinq verges vers la gauche pour atterrir ensuite en plein centre de l'allée, à une distance d'environ 310 verges. Que peut-on demander de plus ?

Chaque geste exécuté à partir du moment où l'on a fait son choix de bâton mène à cette fraction de seconde qui précède l'impact. Il y a de ces élans où l'on sent que tous les éléments sont en place, qu'il ne reste plus qu'à donner le maximum. Ce sentiment de perfection ne survient pas à tous les coups, bien entendu. Personnellement, j'ai connu assez souvent de tels moments magiques. Leur simple évocation suffit à me faire frissonner de contentement. Au cours de ces brefs instants, chaque once de force, de fureur et d'émotion qui est en vous explose dans votre élan. Logique et technique n'ont rien à voir là-dedans. Ce sont des instants de joie pure.

·5·
LES COUPS
DE FERS

TOUJOURS TOUCHER LE VERT

I l est plus facile de jouer au golf de jour que de nuit. Cela peut sembler idiot, mais j'ai compris cela alors qu'enfant j'allais jouer avec mon père sur le terrain de golf militaire qui était tout près de chez nous. Nous nous y rendions en catimini au crépuscule pour y jouer quelques trous avant que la nuit ne tombe tout à fait. En 2000, lors de la dernière partie du NEC Invitational, ces souvenirs revinrent me hanter. Ce jour-là, il y avait eu un arrêt de jeu de trois heures à cause de la pluie. Arrivé au 18e trou, il faisait si noir que l'on distinguait à peine le poteau. Les spectateurs agglutinés autour du vert avaient allumé leur briquet, si bien qu'on se serait cru à un concert rock.

Ma balle se trouvait en assez bonne position, en bordure de l'herbe haute. La distance jusqu'au trou était de 168 verges. Je voulais à tout prix éviter de jouer un coup horrible qui me mènerait à un boguey double. Soit, je menais avec 10 coups d'avance, mais je voulais tout de même finir le tournoi en beauté.

Fer n° 8 en main, j'ai exécuté quelques élans préparatoires pour jauger la distance entre le sol et la tête de mon bâton. Le terrain semblait ferme et je croyais être en mesure d'envoyer la balle à la distance qui m'est habituelle lorsque j'emploie un fer n° 8. J'ai pris position, amorcé mon élan, puis j'ai frappé. J'ai vu la balle prendre son envol pour la perdre de vue 30 verges plus loin, alors qu'elle disparut dans la noirceur. Puis une grande clameur monta dans l'assistance. Ma balle s'était arrêtée à deux pieds du trou ! J'ai réussi l'oiselet pour remporter ma huitième victoire de l'année par la marge de 11 coups.

Ce coup nocturne a fait appel à toutes mes connaissances en matière de choix de bâton, de type d'élan, d'orientation, d'analyse de la position de balle et de son influence sur la trajectoire de celle-ci, ainsi qu'en terme de sensibilité et de touche. En bref, ce fut un de mes coups favoris cette année-là.

Rétrospectivement, il est vrai que j'aurais pu jouer ce coup à l'aide d'un cocheur d'allée de façon à ce que la balle atterrisse juste en deçà du vert, évitant ainsi fosses de sable et autres embûches. Mais dès que j'ai un fer entre les mains, je me sens stimulé, car c'est à cet instant que s'enclenche le processus menant à la réalisation d'un oiselet.

CETTE MOTTE DE GAZON ARRACHÉE PROUVE QUE J'AI FRAPPÉ LA BALLE EN UN MOUVEMENT DESCENDANT.

L'ÉQUATION DE BASE

Du point de vue scientifique, le golf est un sport où s'opposent une foule d'éléments contradictoires. C'est ce qui le rend si difficile à maîtriser. Ce qui se passe lorsque le bâton frappe la balle va souvent à l'encontre de ce que vous dicte votre instinct. Par exemple, une balle fera un crochet vers la droite même si la face du bâton est tenue perpendiculaire à la cible. Ceci est dû au fait que la tête de bâton a tendance à se déplacer vers la gauche au moment de l'impact. Ou encore, resserrant votre prise parce que vous voulez frapper la balle avec plus de force, vous obtiendrez l'effet contraire : un muscle contracté étant moins véloce qu'un muscle relâché, votre élan sera plus lent et votre coup, moins puissant.

Mais c'est dans les coups effectués avec les fers que l'on retrouve les plus belles contradictions. Pour qu'une balle cognée à l'aide d'un fer prenne son envol, vous devez la frapper en un mouvement descendant. Bien des golfeurs frappent plutôt la partie inférieure de la balle en un mouvement ascendant,

croyant qu'ainsi elle s'élancera plus volontiers dans les airs. En réalité, ce type de coup produit un effet brossé qui propulse la balle vers le sol. Par contre, en frappant la balle vers le bas comme pour l'enfoncer dans la pelouse, vous lui imprimerez un effet rétro qui lui permettra de s'élancer bien haut dans les airs.

Donc le principe est… Si la tête de bâton se déplace vers le bas au moment de l'impact, les lois de la physique font que la balle sera propulsée vers le haut.

VOTRE POSITION FACE À LA BALLE

A u cours de l'élan, le bâton décrit un arc circulaire dont le point le plus bas se situe juste au-dessous de votre sternum. Afin que la balle soit frappée en un mouvement descendant, c'est-à-dire avant que le bâton n'atteigne le bas de ce cercle, il est essentiel que votre position relativement à la balle soit correcte.

Avec le bois n° 1

La balle doit être à hauteur de mon talon gauche. Ainsi, la tête de bâton sera perpendiculaire au sol ou légèrement vers le haut au moment de l'impact. Le bois n° 1 est le seul bâton qui exige que l'on frappe la balle en un mouvement ascendant.

Avec le fer n° 5

Contrairement à la logique, je prendrai position de façon à ce que la balle soit légèrement décentrée vers l'avant. De cette façon, j'attaquerai la balle en un mouvement descendant vu que mon corps bougera latéralement vers l'avant à la descente, déplaçant par le fait même le point le plus bas de mon élan vers la cible.

Avec le cocheur d'allée

Avec ce bâton, je veux attaquer la balle selon un angle plus aigu. Pour ce faire, je ferai en sorte que la balle soit en plein centre, à distance égale de chacun de mes pieds. L'élan étant ici moins ample, le mouvement latéral de mon corps sera moins prononcé. C'est pourquoi je ne placerai pas la balle davantage vers l'avant.

COCHEUR D'ALLÉE   FER N° 5   BOIS N° 1

UNE BASE STABLE

Au golf, équilibre, stabilité et liberté de mouvement sont des facteurs primordiaux. Ces facteurs dépendent en grande partie de votre écartement de pieds. Ceci est particulièrement vrai lorsque l'on joue avec un fer. Considérant que ce type de bâton exige beaucoup de précision, le bas de votre corps devra former un appui solide.

▲ *Avec le bois n° 1*
Mon écartement de pieds est large, ce qui favorisera une pleine rotation des épaules et une vélocité maximale.

Lorsque je joue avec un fer, j'obtiendrai, en raccourcissant ma prise, une trajectoire de balle plus droite et moins haute. Ainsi, la balle ne s'arrêtera pas aussi abruptement en touchant le vert.

OUF !

▲ *Avec le fer n° 9*

L'amplitude de mon élan sera moins prononcée avec un fer court. L'effort fourni étant moindre, je pourrai adopter un écartement de pieds moyen. Lors d'un coup d'approche retenu, je rapprocherai encore davantage mes pieds l'un de l'autre.

◄ *Avec le fer n° 5*

Je réduis mon écartement de pieds lorsque je joue avec un fer court. Cette position me permet de conserver un bon équilibre sans restreindre ma liberté de mouvement.

UNE MONTÉE DE
TOUTE BEAUTÉ

GARDER LA TÊTE HAUTE

Il est essentiel, avant chaque coup, d'adopter une posture adéquate. Lorsque je prends position, je garde mon dos bien droit et je fléchis légèrement les genoux. Ainsi, mon corps pourra bouger librement dans toutes les directions lors de l'élan.

Un des aspects les plus importants de la posture est le port du menton. Mon entraîneur, Butch Harmon et moi, portons une attention particulière à ce détail. Il faut garder le menton bien haut, car l'épaule gauche viendra se nicher sous celui-ci à la montée.

Le produit fini

Dans cette position, mon menton ne viendra pas contrarier la rotation de mes épaules. Cela peut sembler simple, mais c'est une leçon que j'aurai mis du temps à apprendre ! Avant, je me tenais trop près de la balle et me voyais forcé de baisser la tête chaque fois que je prenais position. Coincés de cette façon, mes bras et mes épaules avaient peine à bouger lorsque j'exécutais mon élan. Par contre, aujourd'hui, je me tiens à bonne distance de la balle et je peux donc garder la tête bien haute tout au long du mouvement. C'est à ce changement de posture que je dois la fluidité actuelle de mon élan.

Un crochet vers la gauche ou vers la droite sera moins marqué avec un fer nº 9 qu'avec un fer nº 5. Plus l'angle de face d'un bâton est élevé et moins la rotation latérale de la balle sera prononcée.

UNE MONTÉE À L'HORIZONTALE

L a montée est composée à la fois d'un mouvement vertical et d'un mouvement horizontal. La plupart des amateurs, favorisant trop l'aspect vertical du mouvement, projettent les bras vers le ciel et arment les poignets dès l'amorce. Et parce que leur montée est trop verticale, leur descente péchera par la même voie et ils auront tendance à abattre le bâton sur la balle, écrasant littéralement celle-ci contre le sol.

Afin de respecter l'aspect horizontal de la montée, votre bâton doit décrire un arc très ample vers l'arrière. À l'amorce, je tends mes bras et mes mains aussi loin que possible de mon corps. Je ne commence à armer les poignets que lorsque la tête de bâton arrive à hauteur de mes genoux. Amorçant mon élan ainsi, mon angle d'attaque, à la descente, sera moins vertical et mon coup, plus puissant.

Un mauvais départ
Mon amorce est ici trop abrupte et verticale. L'arc que décrit mon bâton n'est pas assez prononcé. De cette position, la descente s'avérera elle aussi trop abrupte, ce qui fait que je ne pourrai bien contrôler la trajectoire de la balle.

NON
MA MONTÉE EST TROP VERTICALE.

OUI
**LES MAINS SONT
TENUES LOIN DU CORPS.**

UNE MONTÉE HARMONIEUSE

· ·

Le mouvement de la montée doit être ample, soit, mais il doit aussi être contrôlé. Mes bras, mon torse et mes épaules doivent bouger de concert, sinon j'obtiendrai une « fausse montée », le bâton n'arrivant en bonne position au sommet de la montée qu'en raison d'un mouvement exagéré des bras ou d'un armement excessif des poignets. Ce type de montée mène à une descente faible au terme de laquelle la balle sera frappée par la seule action des bras et des poignets.

Lorsque j'élance mon bâton vers l'arrière, mes hanches, mes épaules, mes mains et mes bras travaillent de concert ; la rotation de mes épaules permettra ainsi à mes bras de s'élancer pleinement. C'est la réunion de tous ces éléments qui créera une montée harmonieuse.

Position du bras droit
Le mouvement des bras ne doit pas devancer celui du reste du corps. Afin d'éviter cela, il faut vérifier la position du bras droit à différents moments de la montée. Ici, Butch observe la position de mon bras droit une fois le mouvement de mes épaules complété : je dois le tenir en face de mon torse et assez près du corps, mais sans que je me sente coincé.

CE SONT MES ÉPAULES
ET MES BRAS QUI,
DE CONCERT,
TRANSPORTENT
LE BÂTON.

LA DESCENTE... SANS PRÉCIPITATION

Tout bon golfeur sait qu'il ne faut pas précipiter la descente. Ce mouvement ne se déroulera dans l'ordre voulu et selon une cadence adéquate que si son accélération est graduelle. La tête du bâton doit atteindre sa vélocité maximale au moment de l'impact. Si vous amorcez la des-

cente brusquement, vous serez en perte de vitesse et donc de puissance au moment de l'impact. Sans compter que l'exécution du coup sera mauvaise. En somme, l'instant où le bâton frappe la balle est le seul moment de l'élan où la vitesse importe vraiment.

ALLEZ-Y DOUCEMENT JUSQU'À CE POINT DE L'ÉLAN, PUIS ACCÉLÉREZ ENSUITE.

VOIR AU-DELÀ
DE LA BALLE

Pour bien frapper la balle, il faut viser un point situé par-delà celle-ci, et non la balle elle-même. Je ne tente pas de freiner abruptement mon élan après l'impact. Passé ce point, la tête de mon bâton doit continuer son accélération en direction de la cible de façon naturelle.

TIGER RACONTE :
IL EST POSSIBLE DE TIRER PARTI DE SES FAIBLESSES

• •

Les caprices de mon élan changent d'un jour à l'autre. Cela fait partie du jeu. Sans raison apparente, vous pousserez un jour tous vos coups vers la gauche tandis que le lendemain, ce seront les crochets de droite que vous ne pourrez éviter. De telles tendances ne sont pas désastreuses si l'on en tient compte sur le terrain. C'est une leçon que j'ai apprise au Mercedes Championship de 1997.

Après 54 trous, je me trouvais en tête, ex-aequo avec Tom Lehman. La dernière partie avait été annulée pour cause de pluie et Tom et moi allions devoir jouer une prolongation.

Celle-ci débuta au 7e trou, une normale 3 de 186 verges. Il pleuvait un peu ce jour-là. L'air était glacé. Tom joua le premier… et il envoya sa balle directement dans l'obstacle d'eau qui se trouvait à gauche du vert. Sachant que je n'avais plus qu'à jouer la normale pour remporter la victoire, je voulais à tout prix éviter la partie gauche du vert et, du même coup, ce vilain obstacle d'eau. J'ai donc visé vers la droite, mais en tenant compte d'un facteur important : lors de ma période d'échauffement, les coups que j'avais manqués avaient tous eu tendance à glisser vers la gauche. J'ai donc exagéré l'orientation de mon tir vers la droite, me disant que tout serait pour le mieux si ma balle effectuait ce crochet de gauche que je lui imprimais involontairement ce jour-là.

J'ai cogné la balle avec mon fer n° 6 et, comme prévu, celle-ci glissa fortement vers la gauche pour finalement atterrir sur le vert, stoppant net à huit pouces du trou. J'ai réussi mon oiselet, gagné le championnat, et j'ai appris une leçon que je n'oublierai jamais : quelquefois, il faut tirer parti de ses faiblesses.

UNE MOTTE QUI EN DIT LONG

On pourra dire d'un golfeur qu'il maîtrise ses fers alors qu'il exercera un contrôle absolu sur la rotation et la trajectoire de sa balle, ainsi que sur la portée de ses coups. Croyez-moi, je sais qu'il s'agit d'une chose plus facile à dire qu'à faire ! Je n'ai moi-même appris à pleinement maîtriser ces facteurs qu'en 1998, soit après ma victoire au Tournoi des Maîtres de 1997. J'ai changé cette année-là l'allure de mon élan, si bien que l'allure des mottes de gazon que j'arrache en jouant a elle aussi changé et particulièrement lorsque j'utilise un fer moyen ou un fer court. Avant 1998, lorsque j'arrachais une motte de gazon, le trou était profond et pouvait atteindre le diamètre d'une assiette. Elle témoignait du caractère trop abrupt de ma descente et du fait que j'avais tendance à accentuer mon angle de face au moment de l'impact.

Depuis que j'ai remanié mon élan, il est moins vertical. J'attaque la balle selon un angle moins prononcé et, par le fait même, les mottes de gazon que j'arrache n'ont plus le même aspect. Au lieu d'être larges et épaisses, elles sont maintenant longues et minces, de la grosseur d'un billet de banque. Je peux encore arracher de grosses mottes si le coup l'exige, mais, lors d'un coup régulier, la motte sera longue et mince.

LE COUP N'A QUE LÉGÈREMENT TRANCHÉ LA TERRE. TRÈS BIEN.

LA MOTTE EST BEAU-COUP TROP GROSSE !

Un trou profond sera aussi causé par...
Si vous arrachez de grosses mottes de gazon en frappant la balle, il est probable que cette dernière se trouve trop décentrée vers l'arrière relativement à votre position de pieds, ce qui fait que votre angle d'approche sera trop aigu. Ou encore, peut-être n'utilisez-vous pas assez vos épaules lors de l'élan, abattant le bâton sur la balle simplement à l'aide de vos bras et de vos mains. Un élan tendant vers l'intérieur au moment de l'impact causera également des trous profonds ; en ce cas, la cavité pointera à gauche de la cible.

PROLONGER ÇA

L'allure de mon prolonger en dit long quant au déroulement des phases précédentes de mon élan : à l'extension de mes bras, je vois que le mouvement de mon élan a été ample à souhait ; la position de mes épaules indique que je n'ai pas frappé la balle uniquement avec mes bras ; et, finalement, la pointe de mon bâton est orientée vers le sol, ce qui prouve que ma détente a été naturelle et que je n'ai pas trop manipulé le bâton avec les mains au moment de l'impact.

VOYEZ À QUELLE HAUTEUR
JE SURÉLÈVE MA BALLE
SUR LE TÉ LORSQUE
J'UTILISE UN FER LONG.

L'HEURE DU TÉ

Au départ d'un trou à normale 3, il est absolument nécessaire d'utiliser un té. Jack Nicklaus a déjà dit, avec raison, que l'air offre moins de résistance que la terre. Perchant ainsi la balle sur un té, le contact avec la balle sera d'autant plus solide.

L'élévation de la balle dépendra du bâton que vous utiliserez et de l'effet que vous voulez imprimer à celle-ci. Avec un fer long, je surélève la balle d'environ un demi-pouce. Cela peut sembler excessif, mais puisqu'il s'agit d'un coup balayé, il est peu probable que je touche la balle avec la partie supérieure de la face. Le tout est d'imaginer que le bâton glissera à la surface de l'herbe et qu'une fois la balle frappée, le té restera bien planté dans le sol.

Avec des bâtons dont l'angle de face est plus grand, les fers n° 7 et n° 9, par exemple, mon élan sera davantage vertical et donc j'enfoncerai le té plus profondément, presque complètement dans le sol.

RÉFLÉCHIR AVANT DE COGNER

La plupart des amateurs avec qui je joue adoptent l'une des deux stratégies suivantes lors de leurs coups d'approche : soit ils alignent leur tir dans la direction générale du vert en espérant que la balle atterrira en bonne position, soit ils visent invariablement le poteau sans songer aux conséquences d'un coup raté. La première stratégie manque de rigueur tandis que la seconde est par trop limitée.

Lorsque je fais un coup d'approche, je vise toujours une partie spécifique du vert, peu importe que ce soit près du trou ou non. Je prends en considération le type de roulé auquel j'aurai à faire face à partir de différents points du vert et je prévois des solutions de rechange au cas où les choses ne se dérouleraient pas tel que prévu. Ce type de stratégie m'a toujours bien servi, particulièrement sur

des parcours où les verts ne sont pas commodes comme au Augusta National, par exemple, où l'on se voit souvent forcé de jouer la balle à un point du vert situé à plus de 20 pieds du trou.

En somme, ce que j'essaie d'expliquer, c'est qu'au golf, il ne suffit pas d'agripper un bâton et de cogner la balle. Et cela s'applique particulièrement aux coups exécutés avec un fer. Avec ce type de bâton, stratégie et gestion de parcours sont des facteurs aussi important que l'exécution de l'élan.

Réfléchissez avant de cogner. Votre handicap diminuera en conséquence.

PRUDENCE!

NE VISEZ PAS CE POTEAU.

SI LE POTEAU EST ICI, ALLEZ-Y SANS CRAINTE.

PRUDENCE!

LIGNE DE VISÉE

MON COUP SPÉCIAL « EN FLÈCHE »

· · · · · · · · · ·

En 1998, Butch Harmon et moi avons développé un coup spécial exécuté à l'aide d'un fer n° 2. La balle fend magnifiquement le vent et roule sur une distance de 80 verges après avoir touché terre. Pour l'exécuter, j'enfonce le té plus que de coutume, place la balle davantage vers mon pied droit et garde les mains en avant de celle-ci. Je fléchis les genoux un peu plus que je ne le ferais normalement.

À la montée, j'effectue une pleine rotation des épaules. Tout au long de la descente, je garde les mains et les bras devant le torse. La descente sera légèrement plus abrupte que d'habitude. Conservant un bon équilibre, je suis toujours en gain de vélocité au moment de l'impact. Mon prolonger est un peu moins long que d'ordinaire et suit, après l'impact, la ligne de visée.

Tournez la page ⟶

SAVOIR S'ÉQUIPER

. . . .

Mon équipement est sans doute très différent du vôtre, ce qui est bien normal. Je joue avec des fers forgés dont la lame est plus mince que celle d'un bâton ordinaire. Doté d'un tel équipement, il faut jouer avec une grande précision. Ce type de bâton est très sensible, ce qui me sied à merveille ; par contre, il s'avérerait beaucoup trop spécialisé pour le golfeur moyen. Ce dernier devrait plutôt opter pour un bâton à cavité arrière dont la semelle est plus lourde. Ce type d'équipement permet une marge d'erreur plus grande et il facilite l'envol de la balle.

Vous aurez noté que j'ai un fer n° 2 et un fer n° 3. À moins que vous ne soyez un joueur de handicap 4 ou mieux et que votre élan soit très puissant, ces fers longs ne vous seront d'aucune utilité. Ils sont trop exigeants et, de toute façon, vous ne les utiliseriez qu'une fois ou deux par partie. Optez plutôt pour un bois n° 5 ou un bois n° 7. Ces bâtons polyvalents vous seront de précieux alliés sur le terrain. Un seul cocheur de sable ne suffit pas à la tâche. Ajoutez-y un cocheur dont l'angle de face sera d'environ 60 degrés pour les coups lobés… et vous voilà prêt à jouer la normale. Ou mieux !

MON ÉQUIPEMENT EST ASSEZ TRADITIONNEL.

EN RÉSUMÉ...

. . . .

Pour bien jouer avec les différents fers, il ne faut pas compliquer les choses. Apprenez à bien maîtriser l'élan de base et vous serez en mesure de faire face à une myriade de situations sur le terrain. Récapitulons donc ici les principes fondamentaux contenus dans ce chapitre :

■ Plus le fer est long et plus je joue la balle vers l'avant par rapport à ma position de pieds.

■ Je frappe toujours la balle en un mouvement descendant. L'angle d'ouverture du bâton se chargera d'élancer la balle dans les airs.

■ Avec un fer, ma montée sera plus courte que lorsque j'utilise un bois.

■ Je ne précipite pas ma descente. Je dois respecter la cadence de l'élan.

■ La tête du bâton frappe la balle d'abord et le sol ensuite. Le bâton ne doit commencer à « mordre » le gazon qu'après l'envol de la balle.

■ Je n'essaie pas de dépasser mes limites lorsque je m'élance. Pour un coup ordinaire, je n'utilise pas plus de 80 p. 100 de ma puissance totale.

❖6❖
LES BOIS D'ALLÉE

DES BÂTONS POLYVALENTS

C'est dans mon usage des bois d'allée que je me démarque le plus du golfeur amateur. En effet, ce dernier utilisera son bois n° 3 presque exclusivement de l'allée alors que, personnellement, je me sers de ce bâton principalement pour les coups de départ. Il me donne une portée suffisante pour que je n'aie pas à recourir chaque fois au bois n° 1. Bien que, comme vous, il m'arrive parfois d'employer mon bois n° 3 de l'allée sur un trou à normale 5 excessivement long, par exemple. Ce fut le cas dans la dernière partie du National Pro-Am AT&T de 1998, à Pebble Beach.

Nous étions au 18e trou et j'accusais deux coups de retard sur mon voisin et ami, Mark O'Meara. Seul un aigle pouvait m'assurer la victoire. J'ai claqué un bon coup de départ qui m'a laissé à 267 verges du vert ; ma balle s'est retrouvée dans l'allée tout près de la première coupe hors de l'herbe longue. Fort heureusement, il y avait eu des averses importantes cette semaine-là, aussi la PGA a-t-elle mis en application une règle permettant aux joueurs de lever leur balle pour la nettoyer avant d'effectuer leur coup suivant. J'ai profité de ce règlement pour replacer ma balle en position avantageuse, bien perchée sur l'herbe. C'était comme si je l'avais placée sur un té. En somme, un coup idéal pour un bois n° 3. Il ne tenait plus qu'à moi de saisir ma chance.

Il faisait froid ce jour-là. Un méchant vent vous soufflait à la figure, venant de la droite, c'est-à-dire en direction de l'océan, à gauche de l'allée et du vert, ce qui compliquait considérablement les choses. Normalement, en pareille situation, j'aurais joué un crochet de droite. Cependant, je voyais bien qu'ici cette stratégie ne me serait d'aucun secours. La portée du coup serait insuffisante. Si je voulais atteindre le vert, j'allais devoir effectuer un puissant crochet de gauche.

J'ai pris position, visant les gradins qui flanquaient la droite du vert. J'ai cogné la balle de toutes mes forces. Miraculeusement, elle a suivi la trajectoire exacte que j'avais imaginée, puis elle a atterri en plein sur le vert. Je n'ai malheureusement pas réussi l'aigle dont j'avais besoin pour vaincre Mark, mais ce crochet de gauche m'a fait découvrir que je pouvais tenter et réussir un coup très risqué sous pression, alors même que la victoire est en jeu.

UNE PRISE DE POSITION NATURELLE

Avec le bois d'allée, l'élan n'est pas aussi ample et puissant qu'avec le bois nº 1, mais plus prononcé que lorsque j'utilise un fer. Ma prise de position initiale sera donc adaptée à ce mouvement de moyenne amplitude.

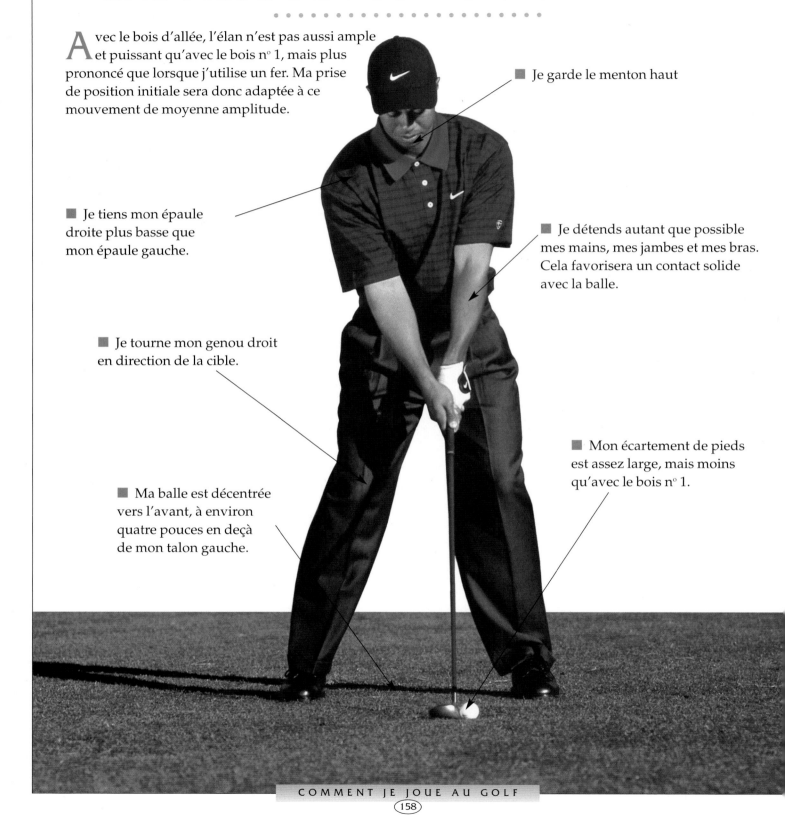

■ Je garde le menton haut

■ Je tiens mon épaule droite plus basse que mon épaule gauche.

■ Je détends autant que possible mes mains, mes jambes et mes bras. Cela favorisera un contact solide avec la balle.

■ Je tourne mon genou droit en direction de la cible.

■ Mon écartement de pieds est assez large, mais moins qu'avec le bois nº 1.

■ Ma balle est décentrée vers l'avant, à environ quatre pouces en deçà de mon talon gauche.

ALLEZ, DU BALAI !

· ·

Le but est ici de balayer la surface de la pelouse de façon à ce que la tête du bâton se déplace parallèlement au sol au moment de l'impact. Il ne faut pas frapper la balle vers le bas et encore moins vers le haut comme on le fait avec le bois n° 1. Afin de favoriser cet angle d'approche horizontal, je ferai suivre à mon bâton le même tracé à la montée (un arc ample), que celui que je veux qu'il emprunte à la descente. Ce mouvement ample de ma montée donnera à mon élan la cadence et la fluidité que je recherche.

Dans l'herbe pas trop haute, il est plus facile de frapper la balle avec un bois d'allée qu'avec un fer long.

TIGER RACONTE :
UN RISQUE CALCULÉ

Pour une raison ou une autre, c'est lors des moments décisifs que je joue à mon meilleur. Lorsque je suis en difficulté, je me tire souvent d'affaire de façon spectaculaire, si bien que l'on est en droit de croire qu'il ne s'agit que d'une question de volonté. C'est absolument faux. J'ai connu des moments où mon désir de réussir ne m'était d'aucun secours, des moments où mon élan et ma touche me faisaient cruellement défaut. Je crois qu'il s'agit d'une chose normale. Tout athlète professionnel connaît des hauts et des bas. Le tout est de bien jouer même lorsque nous ne sommes pas dans notre assiette.

Et le moins que je puisse dire, c'est que je n'étais pas au meilleur de ma forme au Championnat de la PGA, de 1999, au Medinah Country Club, près de Chicago. Une avance de cinq coups ne changeait rien au fait que je ne me sentais pas à l'aise avec mon plein élan. Mon crochet de gauche ne fonctionnait pas du tout. Soit que la balle collait à droite, soit elle déviait beaucoup trop vers la gauche. Par contre, je contrôlais très bien la trajectoire de mon crochet de droite. Sergio Garcia profita d'une série de coups piètrement exécutés de ma part, si bien qu'au départ du dernier trou il n'accusait plus qu'un coup de retard sur moi.

Ce dernier trou, une normale 4 particulièrement coriace, nécessitait bien entendu, un crochet de gauche au coup de départ. Je me suis mis à réfléchir. Devais-je risquer ce même crochet de gauche qui m'avait fait faux bond jusqu'ici ? Si je le réussissais, mon coup d'approche serait alors relativement court. Ou peut-être devais-je opter pour le crochet de droite ? Je le réussirais sans peine, mais alors la portée serait nettement inférieure. Après mûre réflexion, j'ai penché en faveur du crochet de gauche. La conception de ce trou l'exigeait. Ma frustration a fait le reste et je me suis dit qu'il me fallait tenter le tout pour le tout.

Après avoir déposé ma balle sur le té, j'ai pris position pour claquer ce damné crochet de gauche. J'étais déterminé à le réussir. J'ai pris une grande respiration. Je me sentais détendu. J'ai frappé la balle de plein fouet, avec hargne, l'attaquant de l'intérieur et gardant la tête bien à droite tout au long de l'élan.

Je ne me souviens pas d'avoir frappé un plus beau coup de départ. La balle effectua un crochet de cinq verges pour atterrir en plein centre de l'allée. De là, à l'aide de mon cocheur d'allée, j'ai envoyé la balle sur le vert, à gauche du trou, puis je l'ai empochée en deux roulés pour remporter la victoire.

M'étant tiré avec brio de cette situation épineuse, je me sentais moins fier que soulagé. Au golf, rien n'est plus affolant que d'être confronté à un coup qui nous est inconnu ou que nous ne nous sentons pas apte à exécuter. Un commentateur de la télé m'a par la suite fait remarquer qu'il fallait beaucoup de courage et de confiance en soi pour jouer le tout pour le tout en pareil cas. Il n'avait pas tort.

Je me souviendrai toujours de ce dernier trou à Medinah… et du fait que c'est bien mon bois n° 3 et non mon bois n° 1 que j'ai utilisé à l'occasion de ce coup de départ mémorable.

Après avoir été sérieusement secoué par ce dernier trou au Championnat de la PGA à Medinah en 1999, c'est avec soulagement que j'ai embrassé le fameux trophée Wannaker.

AU SOMMET DE LA MONTÉE, VOUS DEVEZ VOUS SENTIR DÉTENDU ET EN PARFAIT ÉQUILIBRE.

LA DÉTENTE AU SOMMET

Lorsqu'on emploie un bois d'allée, il faut bien sûr frapper la balle avec force, mais sans rien sacrifier en précision. Mon élan est contrôlé. Je n'exagère pas l'amplitude du mouvement et je m'assure que tous mes muscles sont détendus.

Observez bien la photo ci-dessus et vous verrez que mon élan avec le bois d'allée diffère en plusieurs points de celui que j'exécute avec le bois n° 1. Notez la façon dont mes pieds sont solidement ancrés au sol. Et bien que mes hanches pivoteront quelque peu,

le mouvement de la partie inférieure de mon corps ne sera pas aussi prononcé qu'avec le bois n° 1. Le léger fléchissement que vous voyez dans mon coude gauche démontre que je ne suis pas crispé, mais bien détendu. Je pourrai ainsi générer une plus grande vélocité tout en conservant touche et contrôle. Remarquez que le manche de mon bâton est quasiment parallèle au sol et que j'ai effectué une bonne rotation des épaules. Autre point important : au sommet de l'élan, mes mains ne doivent pas affecter ou changer la position de mon bâton.

MÊME LORSQUE JE SUIS
SUR LE POINT DE M'ÉLANCER,
JE RESTE DÉTENDU.

UN BON PLAN

L'importance de suivre un plan ou tracé idéal à la descente apparaît lorsque l'on joue avec un bois d'allée. À mi-chemin de la descente, il faut que le manche du bâton soit en ligne parfaite avec la balle. À ce point de l'élan, une position de bâton plus verticale signalerait une descente trop abrupte. Si par contre le plan de mon élan s'avérait plus horizontal, le bâton se déplaçant selon un angle davantage parallèle au sol, j'aurais à faire brusquement pivoter le bas de mon corps pour frapper solidement la balle.

Élançant votre bâton selon un plan idéal, il vous paraîtra plus léger et mieux équilibré, ce qui vous permettra de générer une plus grande vélocité. De plus, il vous sera pratiquement impossible de faire dévier involontairement le tir d'un côté ou de l'autre puisque le bâton sera prisonnier de ce sillon que vous aurez créé. Partant d'un plan idéal, il est plus facile de bien frapper la balle. Or, ceci ne peut que rehausser votre confiance en vos capacités de golfeur.

LE RESTE DE LA DESCENTE EST UN JEU D'ENFANT SI, ARRIVÉ À CE POINT, MON BÂTON SE DÉPLACE SELON UN PLAN IDÉAL.

TROUVER SON STYLE DE BOIS D'ALLÉE

Il vous faudra expérimenter divers types de bois d'allée avant de choisir celui qui vous convient le mieux. L'angle de la face et le degré de flexibilité du manche et son angle d'inclinaison sont certes des facteurs importants, mais c'est d'abord la tête du bâton qu'il faut considérer avant d'arrêter son choix sur un bois ou un autre. J'ai ici divisé les différents modèles en trois catégories :

Le modèle « utilitaire »

Ce type de bois d'allée est très populaire auprès des amateurs. Je connais même certains golfeurs évoluant sur le circuit senior de la PGA qui l'utilisent. Sa face aplatie et la concentration de son poids dans la partie inférieure de la tête facilitent l'envol de la balle. Il est également plus facile, avec ce type de bâton, de jouer à partir de l'herbe longue ;

Le modèle pour « golfeur moyen »

L'amateur fera bon usage de ce type de bois d'allée. La tête volumineuse présente un point d'impact idéal large et indulgent et facilitera l'envolée de la balle. Ces qualités en font le bâton idéal au départ d'une normale 4 de courte distance ou d'une normale 3 de longue portée. Il constituera un bon complément au modèle utilitaire. En fait, tout amateur devrait se procurer ce modèle et un bois utilitaire ;

Le modèle « expert »

Le modèle expert de bois n° 3 que vous trouverez en magasin ressemblera à celui que j'utilise. Sa tête est bien équilibrée, de grosseur moyenne. Le poids est distribué uniformément de haut en bas et d'avant en arrière. Ce type de bâton vous procurera une touche et un contrôle exceptionnels, cependant son usage est délicat. Non seulement exige-t-il une grande vélocité d'élan, il ne pardonne pas si vous manquez ne serait-ce que d'un poil le point d'impact idéal. Et puis il est à déconseiller lorsque la position de la balle est mauvaise.

LE MODÈLE « UTILITAIRE »

LE MODÈLE POUR « GOLFEUR MOYEN »

LE MODÈLE « EXPERT »

À L'IMPACT, MON BÂTON
REVIENDRA EXACTEMENT AU
POINT QU'IL OCCUPAIT AU
MOMENT DE LA VISÉE.

PRISE DE POSITION ET IMPACT

· · · · · · · · · · · ·

Au point d'impact, votre bâton devrait idéalement se trouver au même endroit qu'au moment de la visée. C'est pourquoi il est si important de prendre position correctement. Bien sûr, ces photos ne sont pas identiques, mais elles se ressemblent de bien des façons. La photo de gauche fut prise alors que je me tenais en position, parfaitement immobile, tandis que la photo de droite fut prise juste avant impact alors que mon bâton est sur le point de catapulter la balle à 180 milles à l'heure. Notez que, sur les deux photos, mon manche est pratiquement dans la même position, c'est-à-dire perpendiculaire à la ligne de visée ; l'angle de ma colonne vertébrale est le même et ma tête n'a pas bougé. Ceci démontre bien à quel point l'élan est un geste simple.

Tout ce qui différencie ces deux photos est attribuable à la vitesse du mouvement. Sur la photo de droite, mes hanches pivotent à une allure folle, s'ouvrant vers la ligne de visée, mes bras sont en pleine extension et, bien que ce ne soit pas apparent sur la photo, j'ai soulevé le talon droit afin de faciliter la rotation de mes épaules et de mes hanches.

Ce qu'il faut retenir de cette leçon, c'est qu'une position correcte derrière la balle vous permettra de vous élancer librement sans avoir à effectuer de mouvements superflus.

PARTIR EN FLÈCHE

J'accorde beaucoup d'importance à la trajectoire de la balle. De par l'angle de sa face, le bois d'allée favorise les coups en chandelle mollement exécutés. Tout le contraire de mon style. Je préfère les coups en flèche qui fendent l'air et restent sur la trajectoire choisie. Et puis, j'aime bien entendre la balle siffler au début de son envolée.

Mais il ne suffit pas de frapper fort pour que la balle parte en flèche. Il faut aussi un bon angle d'attaque ainsi qu'un contact solide avec la balle. Le choix de bâton y est également pour beaucoup. Voici les facteurs à considérer lorsque l'on veut tirer le maximum de ses bois d'allée : (1) l'angle d'attaque doit être parallèle au sol ; (2) la balle doit être frappée avec le centre de la face ; (3) il faut utiliser un bâton dont le type, le poids et le degré de flexibilité sont compatibles avec votre élan. Encore une fois, chaque golfeur devrait déterminer quel type de bois d'allée lui convient le mieux. L'effort en vaut la peine.

J'AI ICI L'IMPRESSION QUE MA MAIN DROITE LANCE LE BÂTON VERS LA CIBLE.

SUIVRE LA BALLE AVEC LA MAIN DROITE

. . . .

Lorsque vous vous apprêtez à jouer votre deuxième coup sur une normale 4 longue ou une normale 5 courte, je parie que la cible vous paraît bien petite. La précision devient en pareille situation un facteur critique, surtout considérant que le bois d'allée, de par sa longueur, est plus difficile à contrôler qu'un fer n° 7, par exemple. Le truc est de faire en sorte que le bâton se déplace le plus longtemps possible sur la ligne de visée après impact. Pour accomplir ceci, vous devez sentir que votre main droite suit la balle dans les airs. Passé le point de frappe, alors que la tête de bâton est toujours près du sol, votre bras droit devrait se trouver en pleine extension. Si vous « suivez » ainsi la balle, votre face de bâton demeurera perpendiculaire à la cible jusqu'à un point avancé du prolonger.

UN SOLIDE CROCHET DE GAUCHE

Au fil des années, j'ai appris qu'il est aussi important de savoir frapper la balle en ligne droite que de pouvoir la frapper loin. J'ai aussi appris à imprimer de façon volontaire une trajectoire incurvée à la balle, autant vers la gauche que vers la droite. Après des années d'entraînement, je suis à même de façonner mes coups de départ à ma guise sans changer quoi que ce soit à mon élan.

C'est cet entraînement rigoureux qui, en 2001, m'a permis de remporter le Tournoi des Maîtres. C'était mon sixième titre professionnel majeur et ma quatrième victoire d'affilée. Sur le parcours Augusta National, le 13e trou est une normale 5 qui effectue un coude serré vers la gauche à environ 230 verges du tertre de départ.

Armé de mon bois n° 1 et de mon bois n° 3, je peaufinais ce crochet de gauche bien avant d'arriver à Augusta. Au cours des deux mois précédant le tournoi, je me suis concentré sur ce coup. Plutôt que de l'exécuter en changeant consciemment les composantes mécaniques de mon élan, j'y suis allé à l'oreille, pour ainsi dire, m'efforçant de « sentir » le coup. Avant de m'élancer, je me représentais la trajectoire de la balle dans mon esprit. Ainsi, je suis parvenu à maîtriser mon crochet de gauche… à l'entraînement. Mais qu'en serait-il en compétition ?

C'est à la dernière partie que j'obtins réponse à cette question. Devançant de peu Phil Mickelson et David Duval, je me présentai au départ du 13e trou bien déterminé à réussir ce redoutable crochet de gauche. Deux mois de travail acharné m'avaient préparé à ce moment, aussi fut-ce avec confiance que j'empoignai mon bois n° 3 et que je pris position sur le tertre de départ. J'ai décoché le coup avec force. La balle a pris le virage de façon impeccable, touché terre, puis elle a continué de rouler pour ne s'arrêter qu'à 183 verges du vert, en parfaite position. J'ai atteint le vert au coup suivant et le très court roulé que j'empochai me valut un autre oiselet. Ce crochet de gauche réussi m'a donné une telle assurance que j'ai pu conserver mon avance jusqu'à la fin… et gagner le tournoi !

·7·
LA FRAPPE
DU BOIS N° 1

METTRE TOUTE LA GOMME

Je considère le bois n° 1 comme étant le bâton le plus important de mon arsenal. Certes, le fer droit est le plus utilisé, mais tous les coups exécutés lors d'une partie découleront du coup de départ, y compris les coups roulés. Ainsi, un claqué bien long et bien droit accentuera mes chances de réussir un aigle ou un oiselet. De plus, si je m'élance bien avec le bois n° 1, mon élan avec les fers aura tendance à bien se comporter lui aussi. En somme, je dirais que la qualité de mon coup de départ dictera la qualité de mon jeu en général.

Mais ce qui me rend le bois n° 1 si cher, c'est qu'il me procure une certaine exaltation et, partant, un net avantage psychologique. Un coup de départ monstre qui aboutit droit au centre de l'allée me donne énergie, force et assurance. Lorsque je me sens déprimé par un boguey que j'aurais pu éviter, un bon coup de départ au prochain trou me remet tout de suite d'aplomb.

C'est au dernier trou du Tournoi des Maîtres de 2001 que j'ai ressenti avec le plus de force l'impact émotionnel d'un bon coup de départ. Je me suis présenté au tertre de départ sachant que si je bâclais ce 18e trou, une normale 4, avec un boguey, je me retrouverais en prolongation contre David Duval. L'heure n'était pas aux stratégies défensives. La victoire était entre mes mains. J'ai empoigné mon bois n° 1 avec l'intention de frapper la balle de toutes mes forces.

Je me suis mis en position pour un crochet de droite, puis je me suis élancé aussi énergiquement que je le pouvais.

Sans doute les téléspectateurs, me voyant tenir la position finale de mon élan plus longtemps que de coutume, ont cru que je savourais l'instant ; en fait, je tentais tout simplement de suivre la trajectoire de ma balle. L'ayant perdue de vue, j'ai d'abord cru que mon crochet avait été trop marqué et que la balle, après avoir suivi la courbe du coude, avait atterri dans les arbres qui bordaient le côté droit de l'allée. M'approchant, je vis en effet de ce côté une balle enfouie dans l'herbe longue. Par bonheur ce n'était pas la mienne, mais celle de Phil Mickelson. Inquiet, je cherchai ma balle des yeux. Finalement, je l'aperçus : elle se trouvait en plein centre de l'allée, à seulement 78 verges du vert. Je ressentis un grand soulagement ainsi qu'une bonne dose d'exaltation ! De là, le coup d'approche était une pure formalité.

LA POSITION DE PIEDS

C'est avec le bois n° 1 que mon écartement de pieds sera le plus large. Mon élan est plus ample et plus véloce (à la descente du moins) avec ce bâton qu'avec tous les autres, ce qui fait que j'aurai besoin d'une plus grande stabilité. Mon écartement de pieds sera légèrement supérieur à la largeur de mes épaules. Je fléchirai un peu les genoux, juste assez pour me sentir alerte et pour permettre à la partie supérieure de mon corps de bouger librement.

La position des pieds est elle aussi très importante. J'ai découvert que je pouvais réduire la rotation de mon bassin et éliminer toute tension dans ma cuisse et mon genou droit à la montée en pointant légèrement le pied droit vers l'extérieur. Mon pied gauche sera lui aussi pointé vers l'extérieur, c'est-à-dire, dans ce cas-ci, en direction de la cible. Cela me permet encore une fois de réduire le pivotement de mes hanches à la montée, tout en favorisant, à la descente, une pleine rotation du corps sans que ma jambe gauche et mon dos soient trop sollicités.

Quant à mon genou droit, je l'orienterai légèrement vers l'intérieur au moment de la visée. Cela m'aidera à tourner et non à glisser le corps vers la droite à la montée. Cette position de genou facilitera également le transfert de poids vers la gauche à la descente.

Écartement large pour portée optimale
Lorsque je joue un trou à normale 5 qui me permet d'atteindre le vert en deux coups et dont l'allée est assez large, il m'arrive de vraiment m'élancer de toutes mes forces. Dans ces cas-là, j'écarterai les pieds plus largement que de coutume afin de jouir d'un appui solide et d'un meilleur équilibre. Pour obtenir une portée optimale avec le bois n° 1, il est essentiel de garder le haut du corps à droite de la balle à la descente. Or, avec un écartement de pieds large, je serai en mesure de porter l'essentiel de mon poids sur mon côté droit. De plus, un écartement large inhibera la déviation latérale du corps à la descente.

TOUT COMME LES FONDATIONS D'UN BÂTIMENT, MA POSITION DE PIEDS EST LARGE ET SOLIDE.

ÉCARTEMENT OPTIMAL

UN PUISSANT DÉBUT

· · · · · · · · · · · · · · · · · · · ·

Avec le bois n° 1, la montée se déroulera de la même façon qu'avec les autres bâtons. Cependant, je porterai ici une attention particulière à mes hanches. Durant l'élan, elles doivent pivoter et non simplement glisser vers la droite. C'est cette rotation des hanches qui, tel un ressort que l'on tend, donnera toute sa force à mon élan. À la descente, la détente de ce ressort produira une puissance phénoménale.

GRAVE ERREUR !

OUI !

L'erreur la plus fréquente
Rien n'est pire qu'un glissement latéral du bassin à la montée. Une fois que la hanche droite a dépassé le pied droit, il devient impossible de frapper correctement la balle sauf en se déplaçant d'abord à nouveau vers la gauche, ce qui sabotera irrémédiablement la cadence de l'élan. De plus, ce glissement n'étant pas aussi efficace qu'une rotation des épaules et des hanches, vous ne générerez pas plus de 50 p. 100 de votre puissance potentielle. À la montée, mon poids doit reposer principalement sur la face interne de mon pied droit et l'angle de ma jambe droite doit demeurer constant. Je me suis appliqué à m'élancer ainsi depuis mon enfance, de sorte que ce mouvement, aujourd'hui, me caractérise.

L'élan « Tiger »

E n 1993, lorsque Butch Harmon et moi avons commencé à travailler ensemble, le moins que je puisse dire est que mon élan laissait à désirer ; je n'avais tout que 17 ans, à l'époque. Je possédais certes certaines notions quant à la mécanique de l'élan, toutefois mes connaissances en la matière n'étaient pas suffisantes pour que je puisse identifier et rectifier mes problèmes spécifiques. L'élan que vous voyez ici est le fruit d'années d'analyse et d'entraînement ; ces photographies furent prises en 2000. Bien que le résultat soit tout à fait honorable, il y a encore matière à amélioration. En vérité, ce sont les petits détails, les infimes modifications qui sont les plus difficiles à assimiler. De tels changements sont parfois si subtils qu'ils s'avèrent imperceptibles à l'œil nu.

Cela dit, dans l'ensemble, je suis très satisfait de mes progrès. Le but que nous nous étions fixés, Butch et moi, était d'en arriver à ce que le mouvement de mon corps permette au bâton de suivre son tracé avec la plus grande efficacité possible. L'élan que nous nous proposions d'édifier se devait d'être puissant, précis, efficace, et devrait pouvoir s'appliquer à n'importe quel type de bâton ; le geste devait également être répétable, coup après coup. Voici donc, à votre usage, les éléments principaux de mon élan :

■ J'effectue une rotation complète des épaules. Il ne faut pas cependant que l'ampleur du mouvement soit telle qu'elle compromette l'angle de ma colonne vertébrale ou la position de ma jambe droite.

■ Tout au long du mouvement, bras et épaules travaillent de concert. Afin de bien respecter la cadence, il est essentiel que l'un et l'autre bougent en parfait synchronisme.

■ Je garde la tête de bâton bien à plat tout au long de l'élan ; celle-ci doit être parallèle à mon poignet et avant-bras gauches.

■ Lors de la descente, je respecte l'ordre du mouvement : c'est d'abord le bas du corps qui entre en action, puis les épaules, les bras, et enfin les mains.

■ L'élan ne doit pas stopper net après l'impact, mais se perpétuer par-delà celui-ci. Afin d'obtenir un contact solide, précis, ainsi qu'une portée maximale, appliquez-vous à garder votre tête de bâton près du sol aussi longtemps que possible après impact.

ICI, UN AMORCER LENT ET FLUIDE
PRÉPARE LE TERRAIN À L'ÉLAN
QUE VOUS VERREZ EXPOSÉ
AUX PAGES SUIVANTES.

AU TERME DU PROLONGER,
JE DOIS ME TROUVER
DANS CETTE POSITION.

UN MOUVEMENT AMPLE

À la montée, je veux que mon bâton décrive un arc très ample et que mon poids soit totalement porté à mon côté droit sans que mon bassin ne glisse vers la droite. Ici, j'étire les bras de façon à éloigner autant que possible le bâton de ma hanche droite. Mes épaules pivotent afin de faciliter ce mouvement. Notez que ma jambe droite est légèrement tournée vers la cible.

LA ROTATION DES ÉPAULES EST SUPÉRIEURE À CELLE DES HANCHES

Lorsque je frappe un coup avec le bois n° 1, mes épaules effectuent une pleine rotation. Mes hanches pivoteront aussi, mais leur mouvement sera moins accentué. Vous devez sentir ici une certaine tension sur le côté droit du corps lorsque vous arrivez au sommet de la montée. De là, il n'y a plus qu'à dérouler les hanches et les épaules suivront le mouvement.

Sur le tertre de départ, lorsque j'ai le vent dans le dos, j'utilise mon bois n° 3 plutôt que le bois n° 1. Ainsi, à portée égale, mon coup sera plus précis.

L'ÉPAULE GAUCHE
NICHÉE
SOUS LE MENTON

· ·

Butch Harmon m'a un jour raconté que tous les chandails de Ben Hogan étaient usés à l'endroit où son épaule gauche venait se frotter à son menton durant la montée. Ainsi, je sais que j'ai pivoté les épaules au maximum à la montée lorsque mon épaule gauche vient se nicher sous mon menton. Suivant cette « pleine rotation » d'environ 90 degrés, mon épaule gauche devra se trouver vers l'arrière de la balle. Pivotant les épaules de cette façon, ma descente s'effectuera sans effort : mes épaules se dérouleront rapidement, avec fluidité, et mes bras suivront naturellement ce mouvement.

TIGER RACONTE : FAIRE ABSTRACTION DES DISTRACTIONS

. . . .

L'élan du coup de départ est sans contredit le geste le plus physique que l'on posera sur un terrain de golf. Mais il y a également là un aspect mental très marqué. Ample et empreint d'une certaine violence, ce mouvement exige une concentration absolue ainsi qu'une cadence rigoureuse. Afin de réussir ce coup avec régularité, il est impératif de faire abstraction des distractions environnantes et des pensées qui pourraient contrarier son exécution. Les conséquences d'un manque de concentration ou d'un mauvais rythme s'avéreraient ici désastreuses.

Lors d'un tournoi, il m'est parfois difficile de me concentrer. Il y a toujours beaucoup de monde autour de moi sur le tertre de départ. Certes, la majorité des spectateurs se tient coite quand je m'apprête à m'élancer avec le bois nº 1, mais dans un tel silence, le moindre son me fait l'effet d'une bombe. Idéalement, je voudrais atteindre un niveau de concentration tel que je ne serais plus perturbé par le bruit.

À la dernière partie du Tournoi des Maîtres de 2001, je me suis présenté au 15e trou avec un coup d'avance sur David Duval. Le coup de départ est le point critique de ce trou à normale 5. Un claqué long et précis ouvre ici la voie à un coup d'approche menant, avec un fer moyen, droit au vert. Alors que je faisais mes élans d'exercice et jusqu'à la visée, je ne songeais qu'à une chose : réussir l'oiselet. C'était ma seule chance d'accroître ou du moins de conserver ce mince écart qui me séparait de mes poursuivants.

Détendu et déterminé, j'effectuai une belle et ample montée. Je sentis, dès le début de ma descente, que le bâton était dans le « couloir ». Tout allait pour le mieux. C'est alors que le déclic d'un appareil-photo a déchiré le silence. Ce son subit m'a fait sursauter et c'est de justesse que je suis parvenu à stopper mon élan avant de toucher la balle. Une telle erreur aurait pu me coûter la victoire.

Cela démontre combien il est important, lorsque vous vous élancez au coup de départ, de conserver un bon niveau de concentration tout en restant sensible à votre environnement. Et si je suis capable de parvenir à cet état au milieu de quelques centaines de spectateurs, il est certain que, par un beau samedi matin, sur un parcours calme et entouré de quelques amis, vous y parviendrez aussi.

LA POSITION AU SOMMET

La position du bâton au sommet de la montée donne un aperçu de ce qui se passera à l'impact. Idéalement, la face du bâton sera ici parallèle à mon avant-bras gauche. Si la face pointe vers le sol, c'est qu'elle sera ouverte au moment de l'impact et la balle partira carrément vers la droite ; si par contre elle pointe vers le ciel, la face sera fermée à l'impact et vous obtiendrez alors un crochet de gauche très marqué.

PAS TOUT À FAIT PARALLÈLE

À la montée, je préconise une bonne rotation des épaules ; il ne faut cependant pas que le manche du bâton dépasse une position parallèle au sol. En réalité, cette position de bâton incorrecte ne serait pas nécessairement imputable à une trop forte rotation des épaules, mais plutôt à un fléchissement exagéré du coude gauche ou à une prise trop lâche. Passé la parallèle, vous aurez tendance à amorcer la descente avec les mains plutôt qu'avec les épaules, ce qui est à éviter.

UN MOUVEMENT DE BAS EN HAUT

C'est la partie inférieure du corps qui bougera la première à la descente. Le mouvement s'exécute de bas en haut : vous transférerez tout d'abord votre poids à votre jambe gauche pour amorcer ensuite votre pivotement de hanches. Les épaules n'entreront en action qu'après les hanches. Ainsi que vous pouvez le constater sur la photo, mes hanches sont orientées vers l'avant et devancent largement la position de mes épaules à ce point de la descente.

Bras et mains ne seront sollicités qu'à la toute fin. Respectez cet ordre de mouvement et le bâton se déplacera de l'intérieur vers l'extérieur, comme il se doit.

N'oubliez pas d'amorcer lentement la descente. Si vous précipitez les choses, vos épaules se dérouleront trop tôt et vous attaquerez alors la balle de l'extérieur vers l'intérieur, ce qui vous donnera moins de puissance et une forte tendance au coup vers la droite.

DÉPLIER LE GENOU GAUCHE POUR ACCENTUER LA PORTÉE

J'ai découvert un truc qui me permet d'obtenir, si je le désire, 20 verges de plus avec mon bois n° 1 : juste avant l'impact, je déplie brusquement mon genou gauche. De cette façon, mes hanches pivoteront plus rapidement, ce qui accélérera en retour le mouvement de mes épaules, de mes bras et de mes jambes. Cette technique peu orthodoxe n'a d'autre but que d'accroître la puissance de l'élan. Si vous avez besoin d'un brin de portée supplémentaire, redressez subitement la jambe gauche juste avant l'impact.

METTRE TOUTE LA GOMME

Si vous voulez que
votre balle vole bien droit,
enfoncez votre té un peu plus
profondément que de coutume.
Ainsi, la trajectoire du coup
sera moins incurvée
vers la gauche ou vers la droite.

L'ALIGNEMENT
DES ÉPAULES ET DES BRAS

À la descente, il faut que le mouvement de mes bras coïncide avec celui de mon torse. Mes hanches et mes épaules se déroulent si rapidement qu'ils peuvent avoir tendance à devancer mes bras. Or, une tête de bâton à la traîne attaquera la balle beaucoup trop de l'intérieur. Dans ce cas, je me verrai forcé de changer brusquement l'orientation de mes mains afin de redresser mon angle de frappe, ce qui est très risqué. En effet, si mes mains ne pivotent pas assez, la balle sera poussée vers la droite ; par contre, si je les fais trop pivoter, la balle effectuera un crochet vers la gauche. Dans un cas comme dans l'autre, je ne pourrai contrôler précisément la trajectoire de ma balle.

Cette photo a été prise une fraction de seconde après l'impact. Comme vous le voyez, mes bras sont bien en face de mon torse. Notez qu'à cet instant, l'alignement de mes épaules tend vers la gauche de la cible. Ayant respecté scrupuleusement l'ordre du mouvement, il y a fort à parier que la balle filera très loin et selon une trajectoire parfaitement contrôlée.

■ Tandis que mes bras s'élancent vers la gauche, ma tête, elle, demeure bien à droite.

■ Mon coude droit est directement devant ma hanche droite, signe que le coup est contrôlé.

■ Au moment de l'impact, le manche de mon bâton est en position verticale, tout comme il l'était à la visée.

■ La force centrifuge redresse et étire mon bras gauche.

■ L'étiquette de mon gant est visible, preuve que je n'ai pas fait pivoter mes mains outre mesure.

■ 80 p. 100 de mon poids est sur ma jambe gauche.

MON PIED
SE RELÈVE
NATURELLEMENT
JUSQUE SUR
LE BOUT
DES ORTEILS.

AVOIR LE PIED LÉGER

. . . .

Bien des spécialistes se sont penchés sur le rôle des pieds lors de l'élan. Personnellement, je ne crois pas que ce rôle soit très actif. Je dirais même que les pieds ne font que réagir au reste du mouvement. Un jeu de jambes brouillon et imprécis sera le reflet d'une anomalie résidant ailleurs dans votre élan.

Je laisse mon pied droit se relever naturellement avant l'impact. Ce geste démontre que j'ai suffisamment sollicité la partie inférieure de mon corps. Et puis je n'ai pas le choix : la rotation de mes épaules et de mes hanches est si rapide et mon transfert de poids s'est effectué si brusquement que si je gardais mon talon droit collé au sol, je risquerais de me blesser au dos.

Un gage d'équilibre

Au terme de l'élan, mon pied droit est à la verticale, comme si je me tenais sur le bout des orteils. Cela démontre que j'ai distribué mon poids correctement à la descente et que je n'ai pas abrégé mon prolonger. À la fin du mouvement, je devrais être en mesure de conserver cette position sans perdre l'équilibre.

L'ÉVOLUTION DE MON ÉLAN

· · · · · · · · · ·

À 16 ans, j'avais déjà remporté deux Championnats juniors amateurs des États-Unis. Je jouais passablement bien, mais mon plein élan n'était rien comparativement à ce qu'il allait devenir à 20 et à 24 ans. Ces photos témoignent à la fois de l'évolution de mon élan et de ma volonté constante de m'améliorer.

C'est dans la façon dont j'utilise le bas de mon corps que le progrès a été le plus marqué. Lorsque j'étais jeune, je fouettais furieusement les hanches et les épaules à la descente, si bien que mes bras avaient peine à suivre cette cadence. Depuis, j'ai appris à mieux synchroniser le mouvement de mes hanches, de mes bras et de mes épaules. Cela a fait de moi un golfeur plus polyvalent, capable de frapper la balle avec constance.

16 ANS

20 ANS

24 ANS

Tournez la page ⟶

DONNER LA MAIN À LA CIBLE

En ce qui concerne mon prolonger, Butch Harmon me conseille souvent de « donner la main à la cible ». Comme vous le voyez, mon bras droit est ici bien étiré en direction de la cible, preuve que j'ai généré une vélocité optimale à la descente.

À la façon dont mon avant-bras droit chevauche mon poignet gauche, j'en déduis que j'ai frappé ici un léger crochet de gauche. Cette rotation naturelle des mains permet de garder la tête du bâton perpendiculaire à la cible ou légèrement fermée au moment de l'impact.

LE BOIS N°1...
DANS L'ALLÉE

· ·

Lorsque je joue un trou à normale 5 de très longue portée, il arrive qu'au second coup je doive utiliser mon bois n° 1 à partir de l'allée. C'est un coup risqué et difficile à maîtriser, même pour un professionnel ; cependant, si tout va pour le mieux, il est possible de frapper la balle sur une distance de 300 verges.

Tenant mes mains quasiment à hauteur de la balle, je prendrai position de façon à ce que cette dernière soit décentrée d'environ un pouce de plus vers l'arrière que d'ordinaire. Puisque je jouerai ici presque toujours un léger crochet de gauche, j'élargirai un peu mon écartement de pieds.

Ma montée sera très ample, avec une rotation d'épaules maximale. La cadence du mouvement étant ici un facteur primordial, il est essentiel de ne pas bousculer les choses : j'amorce ma descente lentement, laissant le mouvement gagner progressivement en vélocité. La tête du bâton se déplacera à une vitesse folle au moment de l'impact. Pour obtenir un contact solide avec la balle, je ne devrai pas frapper le sol, mais plutôt balayer la surface de la pelouse en un mouvement fluide. Si le coup est bien exécuté, la balle filera dans les airs telle une fusée, amorçant sa trajectoire à gauche de la cible pour s'infléchir ensuite vers la droite. Après avoir touché terre, elle roulera sur une bonne distance.

LA TÊTE DU BÂTON DOIT BALAYER LA SURFACE DE LA PELOUSE.

PLUS VITE QUE L'OBTURATEUR !

J e n'ai pas parlé jusqu'ici de la vitesse effective à laquelle se déplace mon bâton tout au long de l'élan. Une analyse faite en 1998 donna les résultats suivants : dans la zone d'impact, la tête de mon bâton se déplace à 119 milles à l'heure, ce qui a pour effet de propulser la balle vers l'avant à 180 milles à l'heure. Certains spécialistes de la distance parviennent à

générer une vélocité supérieure, mais pour un pro évoluant sur le circuit de la PGA, mes performances sont de très haut niveau.

Le jeu est devenu beaucoup plus facile pour moi à partir du moment où j'ai pu atteindre le vert d'une normale 5 en deux coups, et cela avec régularité. Grâce à tout le travail que j'ai effectué sur mon élan,

je mets maintenant moins d'effort à frapper la balle et pourtant, elle vole plus haut et plus loin que jamais.

Les photos que vous voyez ici et sur les pages suivantes ont été prises en 1998, à l'occasion de cette fameuse analyse. Pour ce type de séquence, on utilise généralement un appareil Hulcher. Il s'agit d'un appareil-photo spécial pouvant être déclenché à raison de 65 images/seconde. Le chargement de cet appareil fait que la bobine de film se déroule à l'envers ; afin de respecter la chronologie du mouvement, il faut donc lire les images de droite à gauche.

Le jour même où ces clichés furent développés, les éditeurs du magazine *Golf Digest* me contactèrent. Il y avait un pépin : la vélocité de mon élan était si grande au moment de l'impact que l'appareil-photo n'était parvenu à capturer que quelques exemples de cet instant décisif. À la séance de photos suivante, j'ai dû exécuter des élans supplémentaires et sous tous les angles… histoire de donner une chance à ce pauvre obturateur !

J'AMORCE MA MONTÉE EN
PENCHANT LÉGÈREMENT
LE TORSE VERS LA DROITE.

J'ÉTIRE BIEN LES BRAS DÈS LE DÉPART.
AINSI, MON BÂTON DÉCRIRA UN ARC
AMPLE ET PUISSANT.

J'EFFECTUE UNE
PLEINE ROTATION
DES ÉPAULES.

DEVANÇANT LE DÉROULEMENT DE MES ÉPAULES, MES HANCHES S'OUVRENT DÉJÀ EN DIRECTION DE LA CIBLE.

MES BRAS SE TROUVENT DIRECTEMENT DEVANT MON TORSE ; CELA PROUVE QUE MA CADENCE EST BONNE.

BIEN QUE J'AIE TRANSFÉRÉ
MON POIDS À GAUCHE,
MA TÊTE EST ENCORE
PLUS À DROITE QU'ELLE
NE L'ÉTAIT AU MOMENT
DE LA VISÉE.

CECI EST LE SEUL MOMENT DE L'ÉLAN OÙ LES DEUX BRAS SONT TENDUS AU MAXIMUM.

JE SAIS QUE J'AI RÉUSSI
MON ÉLAN SI JE RESSENS,
À LA FIN, UNE IMPRESSION
D'ÉQUILIBRE.

MON ÉCARTEMENT DE PIEDS DOIT ME PROCURER À LA FOIS STABILITÉ ET LIBERTÉ DE MOUVEMENT.

JE NE DOIS JAMAIS PORTER MON POIDS PAR-DELÀ MON PIED DROIT.

J'OBTIENDRAI UNE PUISSANCE SUFFISANTE MÊME SI MON BÂTON N'EST PAS TOUT À FAIT PARALLÈLE AU SOL AU SOMMET DE LA MONTÉE.

AU DÉBUT DE LA DESCENTE,
JE LAISSE LE BÂTON
« TOMBER » DE LUI-MÊME.

TENANT MON BRAS DROIT
AINSI, TOUT PRÈS DES CÔTES,
JE SUIS COMME UN BOXEUR
SUR LE POINT DE DÉCOCHER
UN UPPERCUT.

JE DÉROULE MES HANCHES
AUSSI RAPIDEMENT QUE
POSSIBLE.

MA TÊTE EST TOUJOURS BAISSÉE, CE QUI SIGNIFIE QUE J'AI GARDÉ LE HAUT DU CORPS DANS LE BON AXE JUSQU'À LA FIN DU MOUVEMENT.

CECI EXPLIQUE POURQUOI
IL ME FAUT RENTRER
MA CHEMISE DANS MON
PANTALON À PLUSIEURS
REPRISES DURANT
UNE PARTIE.

L'USAGE DU BOIS N°1... EN RÉSUMÉ

Revoyons ici, si vous le permettez, les éléments-clé contenus dans ce chapitre.

■ Mon écartement de pieds doit me procurer stabilité et liberté de mouvement ;

■ Je garde la tête haute afin que mon épaule droite puisse venir se nicher sous mon menton ;

■ À la montée, mon bassin doit pivoter et non glisser vers la droite ;

■ Mon bâton doit décrire, à la montée, un arc aussi ample que possible ; je l'accomplirai en tendant bien les bras et en effectuant une pleine rotation des épaules ;

■ Je tourne les épaules aussi loin que possible, m'assurant que le bâton ne dépasse pas l'horizontale au sommet de la montée ;

■ Je garde les mains et les bras devant le torse tout au long de l'élan ;

■ Après l'impact, je tendrai la main droite en suivant la ligne de visée ; cela me donnera davantage de puissance, sans que j'aie à sacrifier quoi que ce soit pour ce qui est de la précision.

L'HEURE DU JEU

❖ ❖ ❖

C'est maintenant

que vous mettrez en pratique

les éléments techniques

que vous avez acquis jusqu'ici.

•8•

TROUVER UNE SOLUTION AUX PROBLÈMES

QUAND LES CHOSES TOURNENT MAL

Le golf est un sport rempli d'embûches. Et justement, c'est par ces jours où le parcours se fait pugnace et belliqueux que notre esprit de compétition, notre caractère combatif nous est pleinement révélé. J'ai moi-même connu quantité de jours semblables. Le plus mémorable d'entre eux ou disons plutôt celui que je voudrais oublier entre tous est ce jeudi d'avril, à la première partie du Tournoi des Maîtres de 1997. Je l'appelle « le jour où mon élan s'est volatilisé ».

Pourtant, je ne me sentais pas particulièrement nerveux en ce début de tournoi. Toute la semaine, j'avais bien frappé la balle à l'entraînement et mon jeu sur les verts se portait très bien lui aussi. Malgré cela, inexplicablement, j'ai complètement raté mon premier coup de départ. La balle partit en crochet de gauche et fila dans le terrain naturel environnant tel un lièvre apeuré. Je la trouvai terrée entre les arbres, enfouie dans les aiguilles de pin. Ce premier trou s'est terminé par un boguey. Pas le genre de départ que j'avais escompté !

Et les choses ne s'arrangèrent guère au deuxième trou. Alors que la majorité des golfeurs du circuit réussissent ici l'oiselet, j'ai dû ce jour-là me contenter de la normale. À partir de là, tout alla s'empirant. Au troisième trou, une normale 3, j'ai frappé l'un des pires coups de ma carrière. Le poteau se trouvait dans le coin arrière gauche du vert et un vent changeant tourbillonnait furieusement à cet endroit. N'empêche que lorsque j'ai pris position devant la balle, je savais exactement de quel côté le vent soufflait. Alors j'ai joué le tout pour le tout et je me suis élancé. Finalement, mon coup a été trop court de 30 verges et a dévié de 40 verges vers la droite pour aboutir dans un petit bois de bambous dont je ne soupçonnais même pas l'existence. Je me suis rattrapé pour réussir le boguey, mais ma descente aux enfers était loin d'être terminée.

Au dixième trou, j'étais à quatre au-dessus de la normale. Je me trouvais en état de choc, sonné comme un boxeur qui vient d'encaisser un solide uppercut. J'ai jeté un coup d'œil du côté du 18e trou au tableau de pointage et j'ai vu que le leader était à quatre au-dessous. Je me suis alors rendu compte que je n'accusais que huit coups de retard. En d'autres mots, si je parvenais à terminer la journée avec la normale, je serais toujours dans la course. Il faut dire que les conditions étaient difficiles ce jour-là et donc les marques n'étaient pas très spectaculaires — le leader, John Huston, avait joué un 67. Avec une détermination neuve, je me suis dit que j'allais coûte que coûte remonter la pente. Tout au long de la semaine, à l'entraînement, j'avais réussi avec régularité des coups identiques à celui auquel je faisais maintenant face, un joli petit crochet de gauche que j'allais exécuter avec mon fer n° 2. À partir de là, je me suis efforcé de conserver le même élan et la même cadence jusqu'au 18ᵉ trou. Et ça a marché ! J'ai récolté un 30 au retour, ce qui me ramenait dans le peloton de tête. En fait, j'ai observé ce rythme jusqu'à la fin du tournoi. Vous connaissez la suite.

Au golf, l'élan est une chose volage, capable d'étranges métamorphoses d'un trou à l'autre. Ultimement, le but de tout golfeur est de trouver un élan qu'il pourra reproduire, coup après coup,

même sous pression. Mais cette quête de l'élan parfait est inévitablement freinée par le poids de nos lacunes. Certains vieux défauts viennent encore me hanter aujourd'hui. Par exemple, cette tendance que j'avais, à l'époque où ma prise était trop serrée, de refermer la face au sommet de la montée, si bien que je devais alors manipuler la position du bâton à la descente afin d'obtenir un bon angle de frappe. J'avais aussi tendance à laisser les bras à la traîne durant ma descente. Afin de contrecarrer cette habitude, j'essaie maintenant de garder mon bâton bien en face de mon torse à cette phase de l'élan. Si je faillis, encore une fois ce seront mes mains qui devront ramener la tête de bâton en bonne position. Heureusement pour moi, mes mains ont toujours su se montrer très rapides. Une autre de mes lacunes

Les périls du golf vous forceront parfois à plier le genou… ce qui ne veut pas dire qu'il faille baisser les bras.

Pour un crochet de droite très prononcé,
je garde la face de mon bâton ouverte et j'oriente mon élan de l'extérieur vers l'intérieur.

concernait la vélocité de mon élan, qui était trop grande. Mes approches de courte portée souffraient cruellement de cette manie.

Je suis parvenu, à force d'entraînement rigoureux, à rectifier ces anomalies de mon élan, mais elles refont surface de temps à autre et cela aux moments les plus inopportuns. C'est ce qui arriva à la première partie de l'Omnium des États-Unis de 1996. Le tournoi se déroulait au club Oakland Hills, à Bloomfield, dans le Michigan. J'étais en bonne forme, à trois coups sous la normale, lorsque ma chance a tourné. Une de mes vieilles habitudes s'est réinfiltrée soudainement et sournoisement dans mon élan. Au 16e trou, une normale 4 de longueur moyenne, mon coup de départ a trouvé le milieu de l'allée. Le poteau se trouvait dans la partie droite du vert. Un petit vent souf-

flait de la gauche. À l'aide de mon fer n° 6, j'ai frappé un coup d'approche qui a dévié méchamment vers la droite, en direction d'un obstacle d'eau.

Au bout du compte, ma balle s'est retrouvée dans la flotte. Après avoir laissé tomber une autre balle, j'ai attaqué la balle avec mon cocheur de sable. Elle a fait quelques bonds sur le vert, s'est arrêtée tout près du trou… puis elle s'est mise à reculer, reculer, pour aboutir une seconde fois dans ce satané obstacle d'eau ! Désabusé, j'envoyai mollement un septième coup qui colla enfin au vert. Deux roulés plus tard, je fus confronté au fait que ce damné 16e trou venait de me coûter neuf coups. Je me suis repris le jour suivant en jouant un 69, mais le mal était fait.

Puis il y eut l'Omnium britannique de 1997. Dans la dernière partie, ma vieille manie de refermer

*Une position de balle enfouie est cause de bien des tourments.
J'ai connu cela au 8ᵉ trou de l'Omnium britannique de 1997.*

la face du bâton s'est manifestée, si bien qu'au 8ᵉ trou ma balle a plongé dans une fosse de sable. Enfouie comme elle l'était, il m'a fallu deux coups pour sortir de là. J'ai achevé le trou avec un boguey triple, mes espoirs de victoire s'étaient volatilisés.

Mais c'est en 1997, au Memorial de Jack Nicklaus, que j'ai essuyé mon plus cuisant échec. Cette année-là, un terrible orage s'était mis de la

partie et le tournoi avait dû être étalé sur cinq jours. Au départ du troisième trou, une normale 4 de courte distance, un coup bombé permettrait en principe d'éviter l'obstacle d'eau qui guette à 115 verges de là. J'ai raté le coup et ma balle s'est retrouvée dans la flotte. J'ai répété exactement le même coup et cette fois j'ai touché le vert. Le terrain était absolument détrempé. On avait déjà donné le signal d'interruption de jeu, mais j'étais déterminé à finir ce trou,

Exaspéré, je vois la balle quitter le vert pour revenir dans la fosse, me forçant à jouer le coup une seconde fois.

fût-ce sous une pluie battante. Mon premier roulé stoppa net à mi-chemin du trou. Il me fallut trois roulés avant d'empocher la balle, ce qui me valut pour ce trou une marque de 9. Comptant parmi les plus mauvais de ma carrière, ces deux horribles coups avaient de surcroît complètement bousillé ma concentration. Ceci pour dire que lorsque la frustration vient s'allier à un élan déficient, les résultats sont invariablement catastrophiques.

Même si vous parvenez à corriger tous ses mauvais plis, votre élan ne pourra jamais être parfait à tous les coups. Et puis, il arrive que la malchance se mette de la partie même lorsqu'on tient la grande forme. Pour ma part, j'attribue en partie mon succès présent au fait que mes coups ratés sont moins désastreux qu'ils ne l'étaient par le passé. De plus, je me tire mieux d'embarras et, le cas advenant, j'ai appris à limiter les dégâts.

SAVOIR CHOISIR
SES MOMENTS D'HÉROÏSME

Lorsque j'aboutis dans un obstacle, j'ai appris qu'il me fallait accepter mon erreur et simplement remettre la balle en jeu, de quelque position que ce soit. Cependant, il faut aussi savoir se montrer intrépide si la situation l'exige. C'est un des plaisirs du jeu. J'aime bien exécuter une bonne récupération, mais j'évalue toujours mes chances de succès avant de tenter un coup hardi.

LE CROCHET DE GAUCHE À TRAJECTOIRE BASSE

Je me suis beaucoup exercé à ce coup lorsque j'étais jeune et que je contrôlais moins bien qu'aujourd'hui mes coups de bois n° 1. Il faut ici écarter les pieds, plus que vous ne le feriez habituellement pour ce type de coup, et décentrer la balle légèrement vers l'arrière. Alignez pieds, hanches et épaules vers la droite de la cible. Gardez l'amorcer au ras du sol et parallèle à votre alignement de pieds. Ne contrôlez pas l'ampleur de l'effet en changeant l'orientation du bâton avec vos mains durant l'élan, mais plutôt en variant votre angle d'ouverture au moment de la visée. La plupart des amateurs feront l'erreur de viser trop vers la droite, ou encore leur montée et leur descente seront trop verticales.

Dans un cas comme dans l'autre, on obtiendra un frappé gras. Ici, le mouvement balayé de l'élan est primordial.

MA BALLE EST DÉCENTRÉE VERS L'ARRIÈRE ET MA TÊTE DE BÂTON, EN POSITION FERMÉE.

LE CROCHET DE DROITE
DE FORTE AMPLITUDE

A vant d'exécuter ce coup, je m'efforce d'imaginer la trajectoire de la balle, puis je choisis un bâton portant un ou deux numéros plus petits que ce que j'utiliserais normalement sur cette distance. À la visée, j'accentue l'angle de la face du bâton et adopte une position de pieds ouverte, plaçant la balle soit vers l'avant, soit vers l'arrière selon la hauteur que je désire obtenir. Le coup se déroulera de l'extérieur vers l'intérieur et il faut éviter, au moment de l'impact, que la pointe du bâton ne pivote vers la gauche.

Pour lancer la balle
sur une trajectoire
très incurvée...
exagérez le mouvement !

JOUER À PARTIR D'UNE CAVITÉ REMPLIE DE SABLE

· ·

Tout golfeur a retrouvé, à un moment ou à un autre, sa balle dans un endroit curieux. J'ai vu la mienne se tapir dans des buissons épineux, se blottir devant

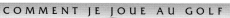

une pierre grosse comme le poing, derrière un rocher énorme ou tout contre une souche. La plupart de ces positions pour le moins inconfortables sont dues à un coup de départ mal contrôlé. Mais ce qui me laisse vraiment perplexe, c'est lorsque je joue un coup de départ parfait et que ma balle atterrit dans l'allée, mais dans une cavité remplie de sable. En pareille situation, il est important de garder une attitude positive. On ne réussit pas un coup simplement avec des connaissances techniques, mais aussi avec la foi que l'on a en soi-même. Il faut croire que l'on y arrivera.

Balayer la balle

Une cavité remplie de sable n'est en fin de compte qu'une fosse de sable miniature. Or, le coup doit être joué comme tel. Prenez position de façon à ce que la balle soit davantage décentrée vers l'arrière que lors d'un coup normal et adoptez une posture plus droite, comme vous le feriez à partir d'une fosse de sable d'allée. Ces facteurs, alliés à une montée légèrement verticale, vous aideront à bien balayer la balle sans toucher le sable. Choisissez un bâton un peu plus long que ce que vous utiliseriez de cette distance ; ainsi, votre élan nécessitera moins d'effort et votre équilibre sera meilleur. Le golfeur amateur essaiera sans doute de piquer la balle ou encore de la ramasser par en dessous ce qui, dans un cas comme dans l'autre, résultera en un coup carrément loupé.

JOUANT À PARTIR D'UNE CAVITÉ REMPLIE DE SABLE, JE TRANCHE DAVANTAGE LA TERRE ET LE MOUVEMENT DU BAS DE MON CORPS EST PEU PRONONCÉ.

UNE SITUATION BOUEUSE

Il y a si longtemps que je joue au golf que je ne remets plus en cause l'équité de ses règles. Pourtant, parfois, ce n'est pas l'envie qui manque quand, par un coup de malchance, ma balle se retrouve couverte de boue, par exemple. Mais cette fangeuse situation n'est pas sans issue : le tout est de comprendre comment la boue affectera la trajectoire de la balle. En règle générale, la balle se dirigera en direction contraire de la boue ; si la boue se trouve du côté gauche de la balle, celle-ci aura tendance à aller vers la droite et vice-versa.

Adaptez votre préparation et la vélocité de votre élan
La boue fera dévier votre balle et donc, vous devrez adapter votre mise au point en conséquence. Ce qu'il faut absolument éviter, c'est de s'élancer à toute volée, ce qui ne ferait qu'accentuer cette déviation. Choisissez un bâton plus long que ce que vous utiliseriez normalement et vous serez ainsi à même de frapper la balle plus doucement. Le mouvement après impact sera plus bref que d'ordinaire, mais évitez d'étouffer le coup en commandant un prolonger ample, avec une extension maximale des bras.

QUAND TOUT TOMBE À L'EAU

Lorsque ma balle se retrouve au fond d'un obstacle d'eau, dans la majorité des cas je me vois forcé de faire tomber une autre balle. Mais parfois la balle n'est que partiellement submergée et il devient alors possible, si l'on connaît la technique, de s'épargner un coup de pénalité en la jouant de cette position. Je retire d'abord mes chaussures et mes bas, puis je revêts un vêtement imperméable. Ce coup se joue exactement comme une sortie en explosion. Mes pieds ainsi que la face de mon bâton sont en position ouverte. Je me place de façon à ce que la balle soit décentrée vers l'avant, puis je vise un point situé à environ un pouce derrière elle. À la montée, j'arme rapidement et complètement les poignets, élançant le bâton à la verticale comme je le ferais lors d'un coup fait à partir d'une fosse de sable. Cependant, puisque la densité de l'eau est supérieure à celle du sable, mon élan devra être environ 50 p. 100 plus puissant. Je ne veux pas étouffer le coup et donc je m'assure de bien accélérer par-delà le point de frappe. Oh ! Et comme je ne sais pas quelles créatures se cachent dans ces eaux troubles, je laisse à mon cadet le soin de les explorer avant d'y tremper moi-même le pied.

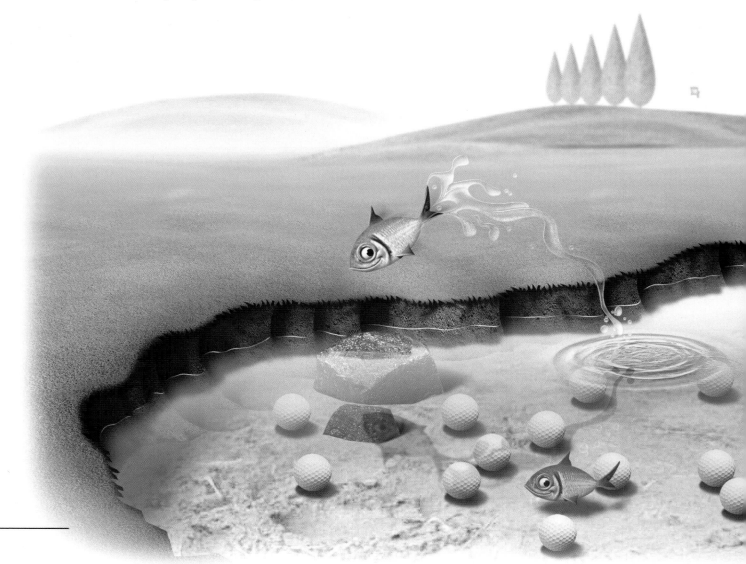

COMBATTRE LA CANICULE

L e golf est en soi un sport exigeant, mais parfois les conditions atmosphériques le rendent carrément impossible. Étant natif du sud de la Californie, je préfère jouer lorsque les verts sont secs et rapides et le mercure à la hausse. Cela dit, une chaleur intense affectera de toute évidence mes performances.

J'aime bien jouer en Thaïlande, terre natale de ma mère. Cependant, ce pays semble plongé dans une canicule permanente. La dernière fois que j'y suis allé, à l'occasion du Johnnie Walker Classic, il faisait chaque jour cent degrés et l'humidité était intolérable. Bien que mon excellente condition physique m'aide à supporter la chaleur, il me faut tout de même prendre certaines précautions lorsque celle-ci se fait trop virulente.

J'use également de bon sens quand je joue dans des conditions pluvieuses ou de grand froid.

■ Je porte autant que possible des vêtements de couleur claire.

■ Je bois beaucoup d'eau afin d'éviter la déshydratation.

■ Les fruits (pommes et bananes) et les tablettes aux fruits me donnent le potassium dont j'ai besoin. J'aime aussi les tablettes énergétiques, car elles sont faciles à digérer.

■ J'humecte l'extrémité d'une serviette afin de me rafraîchir. Avec l'autre extrémité, j'essuierai mes mains ainsi que la poignée de mes bâtons.

■ Je garde une demi-douzaine de gants en réserve. Je peux ainsi les changer au besoin.

■ Une casquette me protégera du soleil.

■ Je marche plus lentement d'un coup à l'autre pour conserver mon énergie.

■ Je me concentre sur les éléments que je peux contrôler — mon prochain coup, par exemple — et non sur la chaleur, que je ne peux contrôler.

LORSQUE LE FROID S'EN MÊLE

Bien que ce soit assez rare, il m'arrive d'avoir à jouer par jours de grand froid. En pareil cas, tout comme lors des jours de canicule, certaines précautions s'imposent.

■ Un sous-vêtement de soie empêchera la chaleur de mon corps de se dissiper.

■ Je préfère porter plusieurs couches de vêtements légers plutôt qu'un épais manteau.

■ C'est par la tête que s'évapore principalement la chaleur du corps. Pour cette raison, je porte une casquette de ski en laine.

■ Je n'aime pas porter de mitaines, je trouve que ça ne fait pas très viril. Pour garder mes mains au chaud, j'utilise plutôt des sachets thermiques à la glycérine.

■ Je fais des exercices d'étirement. Par temps froids, les muscles sont plus contractés.

■ Je marche plus rapidement d'un coup à l'autre, ce qui augmente la température de mon corps.

■ Je me concentre sur ce que je peux contrôler, sur mon prochain coup, et non sur la température.

SE GARDER BIEN AU SEC

· ·

Les Britanniques et les Écossais ne laisseraient jamais une petite averse gâcher leur journée de golf et c'est tant mieux, sinon ils ne joueraient jamais ! Tout comme eux, sachez vous préparer lorsque le temps se fait mauvais.

■ Ayez un parapluie solide et à l'épreuve du vent.

■ Conservez des gants de rechange dans votre sac de golf.

■ Gardez une serviette sèche dans votre parapluie.

■ Il est indispensable d'avoir de bons vêtements imperméables.

■ Apportez une paire de bas de rechange.

■ Une casquette gardera votre tête au sec.

■ Relevez la visière de votre casquette lorsque vous jouez un coup d'approche retenu ou un roulé. Ainsi, la pluie ne s'égouttera pas dans votre champ de vision.

■ Ne changez pas votre rythme de jeu. Ne laissez pas le mauvais temps vous brusquer.

■ Concentrez-vous sur la partie et non sur l'inclémence du temps.

AUTANT EN EMPORTE LE VENT

. . . .

Ayant rêvé depuis mon enfance de devenir un golfeur de calibre international, j'ai très tôt nourri une passion pour les parcours de type « links ». À l'époque, je savais déjà que si l'on veut exceller sur ce type de parcours, il faut savoir composer avec le vent. Or, c'est en 1995, à l'occasion du championnat amateur des États-Unis, que Butch Harmon m'a enseigné un coup qui m'a beaucoup servi par la suite. Il s'agit d'un coup à trajectoire basse dont l'action pénétrante est idéale lorsque les vents se font furieux. Tout golfeur devrait apprendre à le maîtriser.

Le choix du bâton
Lors de vents violents, ce coup pénétrant vous permettra de mieux contrôler votre trajectoire de balle. Il s'appuie sur le principe suivant : moins la balle passera de temps dans les airs et moins sa trajectoire sera affectée par le vent. Le truc pour contrôler la portée de vos coups par vent violent est de choisir un bâton plus long et de vous élancer moins puissamment, ce qui réduira la rotation de la balle sur elle-même. Le golfeur amateur aura le réflexe opposé : il frappera plus fort, pensant ainsi contrecarrer l'effet du vent. En réalité, ceci ne fait qu'amplifier la rotation de la balle qui s'élèvera alors très haut dans les airs, devenant par le fait même plus sensible à l'influence du vent.

Abaisser le centre de gravité
Adoptez un écartement de pieds plus large que d'ordinaire et fléchissez les genoux davantage. Décentrez légèrement la balle vers l'arrière. Vous garderez votre bâton près du sol tout au long de l'amorcer, arrêtant votre montée aux trois quarts de son amplitude habituelle.

Un mouvement ample
Le mouvement de l'élan doit être relativement ample. Un amateur aura ici tendance à effectuer une descente trop abrupte et à cocher la balle, ce qui exacerbera l'effet rétro et donnera une trajectoire de balle trop haute. En gardant vos mains bien basses au moment de l'impact et en abrégeant votre prolonger, votre balle volera plus bas.

Mains basses, prolonger court…
Pour en savoir plus sur mon fameux
coup à trajectoire basse, voir la section
intitulée Fouetter le vent.

FOUETTER LE VENT

· · · · · · · · · · · · · · · · · · · ·

L orsque le vent souffle très fort, je veux que la balle passe le moins de temps possible dans les airs. Le coup à trajectoire basse que m'a enseigné Butch Harmon est alors tout indiqué.

Déterminer la trajectoire

À ma préparation, je procède à trois ajustements : je décentre légèrement ma balle vers l'arrière ; je choisis un bâton plus long qui me permettra de m'élancer plus doucement et donc d'obtenir une trajectoire de balle moins bombée ; je fléchis les genoux un peu plus que d'ordinaire tout en accentuant mon écartement de pieds.

Raccourcir l'élan

L'élan doit être ici particulièrement bien contrôlé. Un bon équilibre étant primordial, j'arrêterai ma montée aux trois quarts du mouvement normal, laissant au bâton le soin de me donner la portée dont j'ai besoin. Le mouvement de mon élan sera relativement ample et le coup, légèrement fauché. Ma descente sera quelque peu abrupte, mais je ne cocherai pas la balle, ce qui me donnerait un coup bombé. Je garderai mes mains très basses jusqu'au bout du bref prolonger. Appliquez ces règles et vous verrez que le vent aura très peu d'emprise sur la trajectoire de votre balle.

UN PROLONGER BREF ME DONNERA UNE TRAJECTOIRE DE BALLE BASSE.

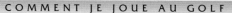

**VOTRE MONTÉE DOIT
S'ARRÊTER ICI.**

**AU PROLONGER,
LES MAINS NE DÉPASSENT
PAS LA HAUTEUR DE
LA CEINTURE.**

POUR UNE TRAJECTOIRE DE BALLE BIEN DROITE, GARDEZ VOTRE FACE DE BÂTON PARALLÈLE À VOTRE AVANT-BRAS GAUCHE.

DEUX TRAJECTOIRES CATASTROPHIQUES

Si vous vous trouvez souvent en difficulté lors d'une partie de golf, c'est sans doute que quelque chose cloche avec votre élan. La majorité de mes partenaires amateurs ont tendance soit à pousser la balle en éclisse vers la droite, soit à la tirer en crochet vers la gauche. Plusieurs facteurs — la prise, l'inclinaison de l'élan, la rotation du corps — jouent un rôle dans ces deux trajectoires catastrophiques. Voici quelques conseils qui vous permettront de pallier ces lacunes.

Si vous frappez la balle en éclisse

Ceci est dû au fait que la face du bâton est ouverte au moment de l'impact. Poignets et avant-bras sont ici les coupables. Une rotation trop prononcée des avant-bras à l'amorcer et un poignet gauche armé au sommet de la montée orienteront la face du bâton à la verticale et donc en position ouverte au terme de la montée. Cette face ouverte causera un coup vers la droite. Alliez ce facteur à un élan partant de l'intérieur et il est inévitable que la balle sera poussée vers la droite. Gardez votre poignet gauche bien droit et vous verrez que la face de votre bâton sera en meilleure position au sommet de la montée. Évitez également une rotation trop forte des avant-bras à la montée. Dans un miroir, vérifiez l'angle de votre poignet gauche : plus il sera fléchi vers le haut et plus votre balle sera poussée vers la droite.

Si vous frappez la balle en crochet de gauche

C'est que la face du bâton est fermée un moment de l'impact. Les golfeurs souffrant de cette tendance ne pivotent pas suffisamment le corps durant leur élan. Souvent, ils tiendront leur menton trop près de leur poitrine à l'amorcer, bloquant de ce fait la rotation du corps à la montée ainsi qu'à la descente. Leur transfert de poids sera lui aussi très limité. Cherchant à pallier cet élan tronqué, ils désarmeront les poignets à la descente, ce qui réduira l'angle de fermeture du bâton. Invariablement leur balle s'envolera vers la gauche. La solution à ce problème est de garder intact, tout au long de l'élan, le triangle formé par bras et poitrine à la prise de position initiale. Si la relation entre ces éléments demeure constante, votre poids se portera naturellement vers la droite à la montée, puis vers la gauche à la descente. Une rotation complète du corps vers la cible sera alors possible, vous serez en meilleur équilibre, et vos mains et poignets n'auront pas à travailler indûment afin de racheter un élan déficient.

POIGNET ARMÉ = TIR EN ÉCLISSE

POIGNET DÉSARMÉ = CROCHET DE GAUCHE

COUPS DE CHANCE AU SEIN DU DÉSASTRE

· · · · · · · · · · · · · ·

Au dernier trou de prolongation du Championnat de la PGA de 2000, mon coup de départ a failli aboutir dans le terrain de stationnement. Par chance, la balle a ricoché contre un arbre pour atterrir sur le sentier de voiturettes. Tout compte fait, ma position de balle n'était pas mauvaise et j'ai pu éviter la catastrophe. Après avoir renvoyé la balle dans l'allée, j'ai frappé un coup d'approche qui s'est retrouvé dans une fosse de sable en bordure du vert. De là, j'ai effectué une sortie en explosion qui mena ma balle à deux pieds de la coupe. Au terme de ce trou potentiellement désastreux, j'ai réussi la normale pour remporter mon cinquième championnat majeur.

*La clé de mon succès :
j'élabore avant chaque
partie une stratégie
à laquelle je demeure fidèle.*

·9·
UNE QUESTION DE CONTRÔLE

LA GESTION DE PARCOURS

Mon père me répétait souvent que le golf est comme toute chose dans la vie : on en retire ce qu'on y met. Lorsque je me sentais frustré ou découragé, ces mots me donnaient la force de continuer. Ils m'ont fait comprendre qu'il ne suffisait pas d'être doué, mais qu'il fallait aussi travailler sans relâche pour affiner un talent naturel. Très tôt, j'ai accepté le fait que la route du succès est pavée de sueur et de durillons. Mon père m'a également appris que si je ne contrôlais pas le parcours, ce serait alors le parcours qui me contrôlerait. Je ne me souviens pas de la première leçon qu'il m'a prodiguée concernant la gestion de parcours — je n'avais que trois ans à l'époque—, mais il m'a souvent raconté comment la chose s'était déroulée.

Selon le récit de mon père, lui et moi étions en train de jouer sur le parcours militaire qui était situé tout près de chez nous. Nous habitions alors à Cypress, en Californie. Au deuxième trou, j'ai envoyé ma balle derrière un grand bouquet d'arbres. Mon père m'a demandé ce que je comptais faire. Je l'ai regardé, interloqué, ne sachant que répondre. « Tiger, m'a-t-il dit, il y a ici deux leçons à tirer. La première concerne l'attitude mentale et l'autre concerne la gestion de parcours. Alors, dis-moi, que comptes-tu faire ? » Je lui ai répondu que je pouvais faire passer la balle sous les arbres, mais qu'alors elle se retrouverait probablement dans la fosse de sable qui se trouvait juste en face du vert. « Très bien, dit mon père. Et ensuite ? » Je ne pouvais envoyer la balle par-dessus les arbres, lui dis-je, parce qu'ils étaient trop hauts ; par contre, je pouvais la frapper vers le côté pour la remettre dans l'allée. Je toucherais le vert au coup suivant et il ne me resterait plus alors qu'à réussir mon roulé pour obtenir la normale. Solennellement, mon père a déclaré : « Tiger, voilà ce qu'on appelle la gestion de parcours. »

Ancien militaire de profession, mon père est très pragmatique. Il croit fermement qu'il existe une marche à suivre pour chacune de nos entreprises, y compris au golf. Ce jour-là — toujours selon la légende — il m'a expliqué que chaque coup commence bien avant que l'on frappe la balle, qu'il est essentiel d'imaginer d'abord sa trajectoire dans les airs, anticipant tous les problèmes qui pourraient se présenter. Ce n'est qu'ensuite, m'a-t-il révélé, que l'on exécutera le coup, en toute connaissance de cause. Insistant ainsi sur l'importance d'une approche méthodique avant chaque coup, mon père m'a fait part d'une grande leçon en gestion de parcours. Très vite, cette approche méthodique devint partie intégrante de mon jeu. En fait, je crois que c'est cela qui m'a permis de remporter mon premier tournoi junior. Et sans doute cette approche devait-elle sembler un peu systématique, mais elle fonctionnait pour moi. La plupart des autres jeunes golfeurs ne faisaient pas montre d'une telle rigueur. Lors de ce tournoi, j'ai obtenu une marque de 120, — pas extraordinaire, mais suffisante pour me valoir la victoire —, et mes parents étaient très fiers de moi. Je crois que j'étais très heureux, moi aussi. Mais le

plus incroyable est que, encore aujourd'hui, j'aborde chaque coup avec la même approche méthodique. Et c'est bien ainsi. Quelle qu'elle soit, la séquence de gestes qui précède la prise de position initiale doit toujours rester la même.

Regardez comment les grands golfeurs prennent toujours leur temps. Ils ne se laissent jamais dépasser par la situation. Je dirais que j'ai atteint mon niveau actuel justement parce que j'ai toujours gardé la même approche méthodique. Mon père m'a inculqué ce principe après avoir lu un livre de Jack Nicklaus. L'approche méthodique de ce dernier est légendaire pour sa régularité. Sa durée est invariablement la même. Et sans doute est-elle plus posée que l'approche de bien des golfeurs, mais elle a le mérite

J'aborde chaque coup en me plaçant derrière la balle. Afin de mieux localiser la cible, je resserre mon champ de vision…

Ensuite, je prends position et, avant d'attaquer la balle, j'effectue quelques mouvements préliminaires…

de suivre un rythme qui lui est propre. Observez l'approche méthodique par laquelle j'aborde chaque coup et vous verrez qu'elle ne varie jamais et qu'elle ne ressemble à aucune autre. Elle m'aide à conserver mon calme et ma présence d'esprit avant l'exécution du coup proprement dit.

La préparation joue un rôle important dans la gestion de parcours. Ainsi, avant de disputer un tournoi, je ne ressasse pas ce que j'ai fait de bien ou de mal lors du tournoi précédent : je m'efforce plutôt de vider mon esprit. Il y a des moments pour contempler et analyser les succès et les erreurs passés, mais avant un match, je ne veux pas encombrer mon esprit de ces choses sur lesquelles je n'ai aucun contrôle.

Ainsi, j'aborderai chaque compétition avec une attitude mentale détendue et positive.

Je n'étais pas encore professionnel que déjà mon père et moi élaborions avant chaque tournoi des stratégies concernant certains trous spécifiques, un plan d'attaque, en quelque sorte. En 1995, avant de participer à mon premier Tournoi des Maîtres, j'ai longuement étudié les vidéocassettes des années précédentes afin de me familiariser avec le parcours du Augusta National. Ensuite, j'ai échafaudé mon plan d'attaque. Mais il ne faut surtout pas que ce dernier se montre trop arrêté. En fait, j'ai depuis délaissé cette vieille méthode où tout était planifié, précisément parce qu'elle manquait de spontanéité. Or, il est essentiel de faire preuve de souplesse sur

Je regarde la cible une dernière fois…

Puis je m'élance.

le terrain, où les conditions sont changeantes. Il faut être capable de s'adapter. Maintenant, je préfère arriver à un tournoi sans idées préconçues et laisser la situation me dicter la marche à suivre.

Lorsque je dispose d'une bonne semaine avant un tournoi et que je connais le parcours sur lequel il sera disputé, je préfère retourner chez moi pour m'y préparer. Je travaillerai spécifiquement les coups auxquels j'aurai recours à l'occasion de ce championnat. S'il s'agit par exemple du Tournoi des Maîtres au Augusta National, je sais qu'au 13e trou, les jeunes pins que l'on a plantés à droite de l'allée me forceront à jouer un léger crochet de gauche au départ. Je répéterai donc spécifiquement ce coup, me donnant ainsi une meilleure chance de l'exécuter correctement au moment critique. Quelquefois, avant un championnat majeur, on aménagera un parcours donné de façon à ce qu'il calque le parcours sur lequel le tournoi sera joué. Ainsi, deux semaines avant l'Omnium des États-Unis de 2000, le terrain de Muirfield Village devint, à toutes fins utiles, la réplique du parcours de Pebble Beach. Les verts du premier se firent aussi rapides et fermes que ceux du second et l'herbe longue bordant ces verts fut coupée à une hauteur de quatre pouces, tout comme elle le serait à Pebble Beach. Ceci me permit de peaufiner mes coups cochés à partir de l'herbe longue, coup qui me fut d'un grand secours tout au long de ce tournoi.

Lorsqu'un parcours ne m'est pas familier, j'y joue quelques parties avant le début du tournoi. C'est alors que mon cadet et moi étudions la topographie du terrain, dressant une liste des coups possibles et des différentes approches au vert. Il ne s'agit pas simplement de savoir quoi faire, mais aussi de savoir ce qu'il ne faut pas faire.

Un autre aspect à considérer est le type de parcours sur lequel se déroulera le tournoi. S'agira-t-il d'un parcours de style « links » ou d'un terrain aménagé à l'intérieur des terres ? Sera-t-il court et étroit ou bien vaste et long ? Je préfère personnellement les parcours de type « links » comme ceux faisant partie de la rotation de

Prenez l'habitude de vous préparer avant un tournoi ou un match de golf. En préparation à mon premier tournoi au Augusta National, j'ai visionné les cassettes des Tournois des Maîtres précédents. Cela me permit d'échafauder une stratégie basée sur mes observations.

Je considère toutes les données dont je dispose avant de choisir un bâton et d'exécuter un coup.

l'Omnium britannique, car ils demandent beaucoup d'ingéniosité et de créativité de la part du golfeur. Les parcours du circuit de la PGA, quant à eux, sont pour la plupart aménagés à l'intérieur des terres. Sur ce genre de terrain, chaque tournoi se résume à un simple exercice de tir. Quoi qu'il en soit, chaque type de parcours nécessite une approche différente — un parcours aménagé à l'intérieur des terres favorisera les coups de longue portée à trajectoire haute, tandis que les « links » exigent un golf de précision. Sur un « links », on aura recours à un arsenal plus varié, jouant tantôt un coup pénétrant à trajectoire basse qui contrera l'action du vent,

tantôt un bombé-roulé et tantôt des coups d'approche flottants et très lobés.

J'aime jouer une grande variété de coups. Par contre, lorsque l'aménagment d'un parcours ne permet aucun coup de départ de longue portée, je me sens un peu brimé. J'ai dû faire face à des parcours où l'herbe longue venait délibérément trancher l'aire de jeu et d'autres où on conservait la largeur de l'allée à son strict minimum. Tout cela revient à dire que la capacité d'adaptation d'un golfeur relève du domaine de la gestion de parcours. Il faut savoir accepter la main que le destin ou l'architecte du parcours nous donne.

LES RÈGLES D'OR
DE LA GESTION DE PARCOURS

■ Échafaudez un plan d'attaque avant et non pendant la partie

■ Obtenez la distance exacte entre le tertre de départ et le début du vert et entre le tertre de départ et le poteau.

■ Sachez quand jouer de manière hardie et quand jouer de façon plus conservatrice.

■ Acceptez le fait qu'un boguey est parfois une bonne chose.

■ Confinez votre coup de départ à un côté spécifique de l'allée.

■ Jouez à votre manière et laissez votre adversaire jouer à sa manière.

■ Ne jouez pas les divas. Un ego démesuré n'aidera en rien votre marque.

■ Ne baissez pas les bras à la première difficulté. Soyez courageux.

■ Ne laissez pas le poteau vous leurrer. Visez une autre partie du vert au besoin.

■ En compétition, ne tentez pas un coup que vous ne maîtrisez pas.

■ Lorsque vous orientez votre coup de départ, assurez-vous que vous ne serez pas en difficulté si la balle file en ligne droite.

■ N'oubliez pas que le golf est un jeu. Amusez-vous.

J'essaie toujours de prévoir l'imprévisible. Il faut parfois une bonne dose de créativité et d'imagination pour se tirer d'un mauvais pas. C'est une des raisons pour lesquelles j'aime tant les parcours « links ». Sur ce type de parcours, vous devez vous montrer inventif — il n'est pas rare que l'on doive jouer des coups de 200 verges avec un fer n° 9 ou des roulés de 100 pieds. Peu importe le type de terrain sur lequel on jouera, le contrôle de la portée et de la trajectoire resteront toujours des éléments primordiaux… mais cela s'avérera particulièrement vrai sur un parcours qui comporte des verts formant une île.

N'orientez jamais délibérément votre coup de départ vers un obstacle en espérant qu'un crochet de gauche ou de droite opportun vous tirera d'affaire. Assurez-vous que vous ne serez pas en difficulté si la balle file en ligne droite.

PAS PAR LÀ !

R.I.P.

LORSQUE LES RISQUES EN VALENT LA PEINE

· · · · · · · · · · · · · · · ·

Bien des amateurs sont trop prompts à utiliser le bois n° 1 au départ d'un trou qui devrait être joué à court. Soit, il est parfois indiqué de se montrer téméraire lorsque les conditions et les circonstances s'y prêtent, mais, plus souvent qu'autrement, il est préférable de jouer prudemment. S'il y a par exemple un obstacle d'eau à 225 verges du tertre de départ, utilisez un fer long ou un bois utilitaire dont la portée est inférieure à cette distance. De même, si vous favorisez une distance donnée lors de vos coups d'approche — si vous aimez qu'ils soient de 110 verges —, par exemple, utilisez un bâton qui vous mènera à cette distance du vert. Contrôlez le parcours, sinon ce sera lui qui vous contrôlera.

Ce qui ne veut pas dire qu'il ne faut jamais prendre de risques. Surtout lorsqu'il n'y a rien à perdre et tout à gagner. Je me suis retrouvé dans une situation semblable au AT&T Pebble Beach National Pro-Am de 1997. Au dernier trou de la dernière partie, je me trouvais à deux coups derrière le leader, mon bon ami Mark O'Meara. J'ai claqué un formidable coup de départ qui m'a tout de même laissé à plus de 270 verges du vert. Bien que le vent ne m'était pas du tout favorable, pas une seconde n'ai-je songé à jouer un coup d'approche conservateur. J'avais absolument besoin d'un aigle pour égaler la marque de Mark, ce qui nous mènerait à une prolongation. Il me fallait tenter le tout pour le tout. J'ai empoigné mon bois n° 1 et, par bonheur, ce coup décoché de l'allée toucha le vert. Bien que j'aie ensuite raté mon roulé, concédant ainsi la victoire à Mark, j'étais fier d'être passé si près, d'avoir couru ce risque. En d'autres circonstances, si par exemple j'avais été en tête ou à égalité avec mon adversaire, j'aurais assurément joué un coup plus conservateur.

Il est parfois préférable d'utiliser un autre bâton que le bois n° 1 sur le tertre de départ. Si vous tentez d'envoyer la balle le plus près possible du vert sur un trou à normale 4 de longueur moyenne, vous risquez de vous retrouver dans un obstacle d'eau ou une fosse de sable. Personnellement, je préfère utiliser mon fer n° 2 lors d'un coup de départ contrôlé ; d'autres golfeurs favoriseront plutôt leur bois n° 4 ou n° 5. L'angle de la face de ces bâtons étant plus élevé, l'effet rétro sera plus prononcé, la rotation latérale moindre, ce qui fait que vous contrôlerez mieux la balle. De plus, avec un bâton plus court, la balle ne déviera pas autant de la ligne de visée si vous ne la frappez pas correctement.

*Il faut savoir quand prendre des risques et quand
se montrer prudent. Cela fait partie de la gestion de parcours.
J'utilise souvent un bois n° 3 ou un fer au départ
si un coup avec mon bois n° 1 me semble trop risqué.*

TROUVEZ VOTRE RYTHME NATUREL

Lorsque je suis au meilleur de ma forme, la gestion de parcours se fait d'elle-même : je sais instinctivement quel coup jouer. Si les zones à risque se trouvent à l'arrière du vert, je m'assure que ma marge d'erreur se situe en-deçà de cette distance. Si le péril se trouve à gauche, j'oriente mon coup de façon à éviter ce côté. Et j'effectue ces ajustements d'instinct ; c'est ce que j'entend par « trouver son rythme naturel ». Chaque golfeur possède un rythme qui lui est propre. Or, c'est avant une partie, au cours de sa période d'échauffement, qu'il sera en mesure d'établir ce rythme.

J'ai personnellement adopté la méthode d'échauffement de Jack Nicklaus. J'utilise toujours les cinq mêmes bâtons, débutant avec mon cocheur de sable et procédant en ordre croissant pour finir avec le bois n° 1. En fait, je finirai ma période d'échauffement avec le bâton que je compte utiliser en premier lors du match. Mon but n'est pas ici de peaufiner mon élan ; ce n'est pas trente minutes avant une partie que l'on doit songer à sa technique ! Il s'agit plutôt d'établir un rythme. C'est armé de ce rythme que je jouerai à mon meilleur. Lorsqu'il me fait défaut, je me sens mal à l'aise et chaque coup s'avère alors problématique. Dans un cas comme dans l'autre, il faut faire preuve de ténacité, c'est-à-dire bien gérer son jeu même quand le rythme n'y est pas. Sur le terrain, l'important est d'éviter que les choses n'aillent de mal en pis. Fort heureusement, je sais m'accrocher quand il le faut... et je suis convaincu que vous le pouvez aussi.

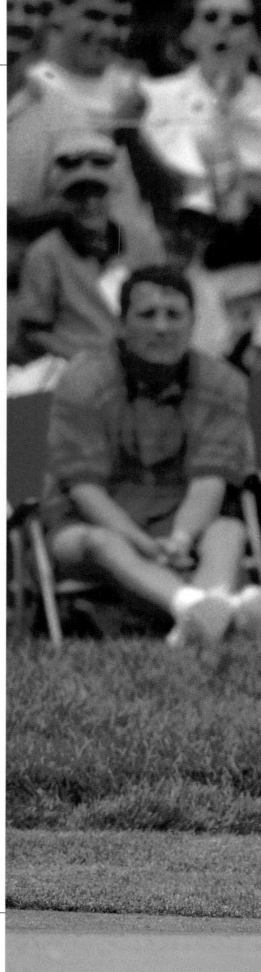

L'ATTITUDE MENTALE

Le golf est un sport en apparence très lent. Pourtant, l'issue d'un coup ou d'un match dépend souvent de facteurs qui se manifesteront en une fraction de seconde. L'attitude mentale est un de ces facteurs. Si je me sens las avant de jouer un puissant coup de départ, je dois être en mesure de faire appel à une bouffée d'adrénaline au moment précis où j'en aurai besoin. De même, je dois me montrer capable de calme et de sérénité à la seconde même où j'exécuterai un coup délicat. Le tout est de rester à l'écoute de soi-même mentalement, physiquement et émotionnellement. Or, personne d'autre ne peut faire cela à votre place. Vous êtes seul responsable de votre attitude mentale.

*Il y a de ces moments où
un élan récalcitrant ou
des idées noires tenteront
de vous miner le moral.
C'est alors qu'il faut se battre.*

·10·
LES JEUX
DE L'ESPRIT

UNE PSYCHOLOGIE GAGNANTE

Au golf, il faut savoir tirer profit des occasions qui se présentent à nous en faisant le moins d'erreurs possible. C'est ce qui en fait un jeu de l'esprit. Ceci s'exprime en moi par une sorte d'intuition qui me permet de voir certaines choses que d'autres ne verront pas — une façon inusitée d'aborder un coup, par exemple ; ou encore une manière de me tirer d'une situation délicate. Il est évidemment important de pouvoir exécuter physiquement ces coups que notre esprit envisage, mais il reste que cette intuition, cet esprit créatif est le plus grand atout du golfeur. Sur le terrain, vous devez sans cesse réévaluer la situation, calculer vos chances de réussite en tenant compte des conditions du moment. L'aspect psychologique du golf va bien au-delà de la simple gestion de parcours : c'est une épreuve de courage, de confiance en soi, où l'on se voit confronté aux démons de nos échecs et succès passés et où une furieuse combativité s'entremêle à l'élégance de l'esprit sportif.

C'est à mon père que je dois mon attitude mentale positive. Le golf ne sied pas aux esprits fragiles ; or, mon père s'employa à fortifier le mien. Il voulait que mon pouvoir de concentration soit à toute épreuve. Il faisait quelquefois au beau milieu de mon élan un boucan épouvantable, laissant tomber ses bâtons, son sac de golf, ou encore déambulant dans mon champ de vision au moment où j'exécutais un roulé. Tout cela pour tenter de briser ma concentration. De plus, il m'interdisait de parler durant ces épreuves mentales. Comme il ne pouvait savoir si j'étais à même de supporter psychologiquement ces conditions difficiles, il m'a offert une porte de sortie : l'épreuve s'arrêterait si je prononçais un mot de code dont nous avions convenu. Je ne sais pourquoi — sans doute était-ce pur entêtement de ma part —, mais je n'ai jamais eu recours à cet exutoire. Il m'était difficile de tenir ma langue alors que mon père faisait de son mieux pour me taper sur les nerfs, mais je crois que les oeillades que je lui décochais exprimaient bien le fond de ma pensée. Quoi qu'il en soit, je lui suis redevable aujourd'hui de ses stratagèmes, car ils ont rempli leur rôle.

Reste que certaines distractions sont plus faciles à ignorer que d'autres. Ainsi, ai-je appris à m'habituer au déclic des appareils-photo que l'on déclenche au milieu de mon élan. Soit,

Il est sain et naturel de se laisser aller après un tournoi éprouvant.

J'aime croiser le fer avec mes adversaires… physiquement et psychologiquement. En compétition, les tactiques psychologiques sont parfois évidentes, parfois très subtiles.

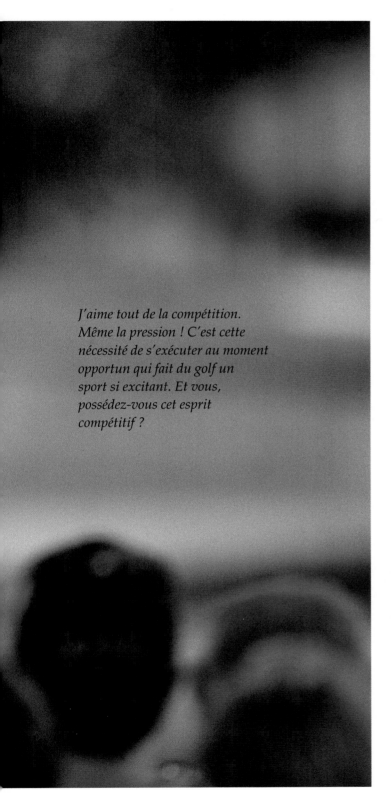

J'aime tout de la compétition. Même la pression ! C'est cette nécessité de s'exécuter au moment opportun qui fait du golf un sport si excitant. Et vous, possédez-vous cet esprit compétitif ?

compris, ressentira un certain degré d'anxiété avant une partie. C'est un phénomène tout à fait normal. Ce qui l'est moins, c'est de ressentir une peur panique. Certains golfeurs sont même terrifiés à l'idée de gagner ! J'ai peine à imaginer cela. Au début de ma carrière professionnelle, on a beaucoup critiqué le fait que j'avais déclaré jouer au golf uniquement pour gagner. Pourtant c'est la vérité. La seconde place ne comporte aucun attrait à mes yeux. Je crois que tous les champions pensent ainsi. Il ne faut pas avoir peur de foncer si l'on veut réussir, dans quelque domaine que ce soit.

Je refuse également de succomber à la pression. Je connais de bons golfeurs qui s'effondrent dès que la lutte se fait chaude. Bien sûr, en compétition, le niveau d'intensité monte et les nerfs sont mis à rude épreuve, mais c'est justement cette ivresse que recherche le vrai champion. Michael Jordan et Jack Nicklaus sont à leur meilleur dans le feu de l'action précisément parce que ce feu les incite à atteindre un niveau de performance supérieur. Tous deux savent utiliser la pression du jeu à leur avantage. Ils conservent leur rythme naturel et se concentrent exclusivement sur la tâche à accomplir. Invariablement, Michael Jordan exécutera un certain nombre de dribbles à la ligne de lancer-franc, puis il fera rouler le ballon entre ses mains avant de lancer ; tout ce temps, ses yeux ne quitteront pas le panier. Le niveau de concentration de Jack Nicklaus était également impressionnant. Que vous visiez l'excellence ou que vous désiriez simplement maximiser votre potentiel, essayez, tout comme un vrai champion, de vaincre vos peurs et de rester inébranlable quand la pression se fait sentir.

ACTION, RÉACTION

Le golf est un jeu d'action et de réaction. C'est l'expérience qui dictera quand et comment adopter un rôle actif ou réactif. Lors d'une partie par trous, vous fonderez votre stratégie sur vos succès et échecs passés. Il faut savoir se montrer actif, par exemple en utilisant un bâton de moins longue portée au départ. Jouant votre second coup en premier, vous atteindrez le vert avant votre adversaire, exerçant ainsi sur lui une pression supplémentaire. J'ai eu recours à cette stratégie pour la première fois lors de la prolongation contre Davis Love III au Las Vegas Invitational de 1996. Au premier trou de la prolongation, Davis claqua un puissant coup de départ qui le laissa en parfaite position. Délaissant mon bois n° 1, j'optai pour mon bois n° 3. Mon intention était de frapper un coup moins long que lui pour avoir l'avantage de jouer ensuite le premier. Mon stratagème fonctionna à merveille. Après que mon coup d'approche m'eut mené sur le vert à 20 pieds du poteau, Davis voulut tenter de se rendre encore plus près du trou. Résultat : sa balle se retrouva dans une fosse de sable et il termina le trou avec un boguey. Quant à moi, je réussis la normale et remportai mon premier championnat professionnel !

Avant d'exécuter un coup important, je me détends en prenant une grande respiration.

Ohhhhhmmm

*Rien n'est plus satisfaisant qu'un coup qui
se déroule exactement comme vous l'avez envisagé.
Afin d'accomplir cela avec régularité, vous devez aborder
le coup avec conviction et faire confiance à votre élan.
Ces deux éléments vont de pair.*

CE QUI EST FAIT EST FAIT

Au cours de ma carrière, j'ai frappé des coups médiocres et d'autres carrément mauvais. Cela fait partie du jeu. Or, après un coup raté, il n'y a rien d'autre à faire que de mieux jouer au prochain coup. En somme, j'ai appris que ce qui est fait est fait et qu'il est préférable de se concentrer sur le coup à venir. Oubliez vos erreurs. De toute façon, vous ne pouvez reprendre ce coup manqué. Lors d'un tournoi, il arrive que je m'emporte après une mauvaise frappe. Ces éclats me soulagent et je peux ensuite tourner mon attention vers la tâche à accomplir. Bien que mon intention ne soit pas d'offenser qui que ce soit, je sais que mon langage se fait parfois grossier et je m'en excuse. Il doit bien exister une façon de décharger mon trop-plein d'émotion sans porter atteinte à la bienséance et, croyez-moi, je m'emploie toujours à la rechercher.

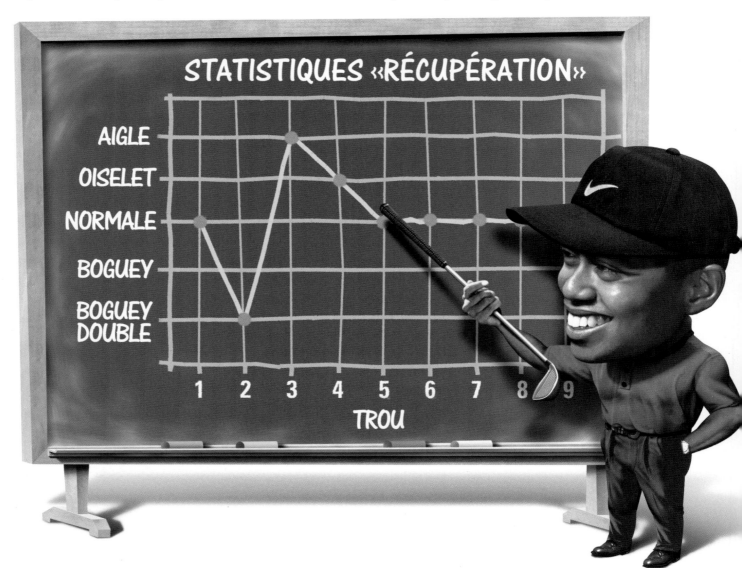

LE POUVOIR DE LA PENSÉE POSITIVE

Ma mère sait toujours trouver le bon côté des choses. Or, si ma ténacité me vient de mon père, c'est à ma mère que je dois mon attitude positive. Ces deux qualités exigent que l'on ait une totale confiance en soi et que l'on accepte les conséquences de nos actions. L'énergie négative ne mène qu'à une chose : l'échec. Vous disant qu'une chose est impossible, vous vous en convainquez. La pensée positive, elle, permet d'affronter une situation périlleuse avec courage et de surmonter tout obstacle.

Cela me fait penser à la dernière partie du Bay Hill Invitational de 2001. J'avais au départ une avance d'un coup sur Phil Mickelson. Cependant, ce dimanche-là, mon élan m'a fait défaut, si bien qu'au 16e trou, c'était maintenant Phil qui menait par un coup. Après un coup de départ manqué, j'ai tout de même réussi un oiselet à ce trou. Au 17e, mon roulé frôla le trou et je manquai l'oiselet de justesse. Nous étions maintenant au 18e et dernier trou, une normale 4 particulièrement coriace. Je perdis encore une fois le contrôle de mon coup de départ, mais par chance, ma balle ricocha sur un spectateur — sans le blesser, fort heureusement — et roula jusque dans l'allée. Je faisais tout de même face à un coup d'approche de 192 verges, sans compter qu'un vilain obstacle d'eau montait la garde devant le vert. Soit, ma performance avait été moins que reluisante jusque là, mais j'avais la certitude que si je faisais confiance à mon élan, je réussirais ce coup. De fait, j'ai frappé un petit crochet vers la droite qui a touché le vert à quinze pieds du trou. Réussissant ce roulé, je remportai le tournoi par un coup. À aucun moment n'avais-je laissé des pensées négatives me faire douter de moi-même. À aucun moment n'avais-je songé à baisser les bras. De même, si vous conservez une foi absolue en vous-même, il est certain que la chance vous sourira.

TIGER RACONTE :
LA MAÎTRISE DE SOI

On me demande souvent comment j'arrive à me concentrer lorsque la pression monte. C'est tout simple : je me dis que la seule chose que je puisse contrôler est ma façon de jouer. Ceci me procure un sentiment de sécurité lorsque je me sens démuni. Je sais que je n'ai aucun contrôle sur les éléments ou

sur ce que feront mes adversaires — chacun d'eux se concentre sur son propre jeu. Et la situation n'est jamais la même : certains tournois se donneront littéralement à vous alors que d'autres ne se gagneront qu'à force d'acharnement. La seule façon de s'accoutumer à la pression est de vivre encore et encore ces moments fatidiques où la victoire est en jeu. Apprivoisez ces émotions. Ce n'est qu'à travers la maîtrise

de soi que l'on arrive à contrôler son destin. Au golf, ce contrôle doit se manifester un coup à la fois, de seconde en seconde. La pression que j'exerce sur mes rivaux est aussi une question de contrôle.

·11·

LE CONDITIONNEMENT PHYSIQUE

LA LOI DU PLUS FORT

En 1996, au début de ma carrière professionnelle, je pesais 155 livres, ce qui est peu pour un grand gars de 6 pi 2 po. Une bonne dose de conditionnement physique était toute indiquée. J'avais besoin d'acquérir une meilleure endurance afin de faire face aux rigueurs du golf professionnel. De plus, les coups que je voulais ajouter à mon répertoire demandaient une bonne force physique. Or, j'étais toujours en pleine croissance ; sans un entraînement spécifique, mon élan en souffrirait. Déjà, je contrôlais mal la portée de mes fers courts. Avec mon fer n° 9, je frappais tantôt un coup de 150 verges et tantôt un coup de 170 verges. Un seul remède à cela : la musculation. Lors de mes deux premiers Tournois des Maîtres, j'avais de la difficulté à atteindre le vert avec mon cocheur de sable. Parfois je jouais trop fort et la balle volait complètement de l'autre côté. Ou bien, comme ce fut le cas lors de mon premier Tournoi des Maîtres en 1995, j'imprimais un effet rétro trop prononcé à la balle et elle revenait se blottir à mes pieds. À cette époque, je favorisais trop mon cocheur de sable alors que j'aurais dû utiliser un autre bâton pour mieux contrôler la rotation de la balle. Mais je n'étais pas assez fort pour réussir ces petits coups d'approche retenus dont l'élan s'effectue principalement à l'aide des bras. À la suite de ces premières expériences sur le circuit professionnel, j'ai changé mon régime alimentaire pour gagner du poids tout en limitant ma consommation de gras. J'ai aussi créé un programme de conditionnement physique qui ferait travailler chaque partie de mon corps. Je voulais arriver à frapper des coups puissants sans effort ainsi qu'à mieux contrôler les coups délicats. Je voulais également jouir d'un meilleur équilibre, surtout lors du plein élan. C'est fort de ces objectifs que je me suis engagé sur la voie de l'exercice physique.

Ayant toujours été un adepte du conditionnement physique, je n'ai eu qu'à affiner ma méthode d'entraînement en y incluant des exercices d'aérobie, de musculation et d'assouplissement. De cette façon, je gagnerais en force aussi bien qu'en endurance. La souplesse est un facteur très important. La flexibilité de Sam Snead est légendaire. À 75 ans, il levait encore la jambe assez haut pour toucher un plafond de huit pieds. Il pouvait aussi toucher son avant-bras gauche avec son pouce gauche sans se servir de son autre main. Lorsqu'il ramassait la balle dans le coupe, Sam n'avait pas à plier les genoux. C'était un véritable homme-élastique. Je suis certain que cette souplesse est à l'origine de sa longévité au golf. D'ordinaire, plus un golfeur vieillit et plus son élan arrière se fait bref. Ceci est dû au fait que les muscles perdent de leur élasticité avec l'âge, ce qui restreint la rotation des épaules et des hanches. Mais Sam est la preuve vivante que l'on peut rester souple jusqu'à un âge avancé.

Tout jeune, je me suis adonné à la course à pied. C'est alors que j'ai appris les vertus d'une bonne condition physique. Lorsque le temps et mon horaire le permettent, je cours entre trois et cinq milles, aussi vite que j'en suis capable. Sinon, je fais du vélo d'exercice. Lorsque j'ai débuté sur cet appareil, je devais régler la résistance au minimum ; même à ce niveau, j'étais prêt à jeter l'éponge après quelques minutes à peine. Puis mon endurance s'est accrue graduellement, si bien que je peux maintenant régler le vélo à sa résistance maximale et pédaler comme un démon jusqu'à ce que mes jambes demandent grâce. Visez vous aussi des gains progressifs. Vous éviterez ainsi les blessures et tirerez grand profit de vos séances d'exercice. Si vous êtes adepte de la

course à pied, accordez-vous une période de repos de 10 à 15 minutes avant de passer à d'autres exercices. Durant cet interlude, videz votre esprit de toute pensée. Vous serez surpris de l'effet tonifiant d'un tel exercice. Ceci vaut aussi sur le terrain de golf : en vidant votre esprit dans les moments de répit, vous serez capable d'un niveau de concentration supérieur lorsque viendra votre tour.

Les règles d'or de la course à pied :

■ Je m'habille légèrement par temps chaud ; par temps froid, je revêts des couches successives de vêtements légers.

■ Mes espadrilles sont confortables ; je les change avant qu'elles ne soient trop usées.

■ Je porte une tuque lorsqu'il fait froid.

■ Je fais toujours des exercices d'étirement avant de courir.

■ J'évite de courir au moment de la journée où il fait le plus chaud.

■ Je ne cours jamais l'estomac vide.

■ Je bois beaucoup d'eau avant de courir.

■ Je cours à une allure constante.

■ Je m'assure qu'il y ait quelques pentes sur mon parcours.

■ Après avoir couru, je me repose de 10 à 15 minutes avant de continuer mon entraînement.

À 75 ans, Sam Snead peut lever la jambe aussi bien qu'une danseuse de French-cancan. Il est d'une souplesse extraordinaire.

*Cet exercice d'étirement
est excellent pour les muscles
des épaules.*

TOUT EN SOUPLESSE

Les exercices d'assouplissement suivants visent spécifiquement les muscles que vous utilisez en jouant au golf. Commencez doucement. Si vous ressentez quelque douleur que ce soit, réduisez l'intensité de l'étirement.

Mon régime d'étirement me procure une grande souplesse au niveau du cou et des épaules.

Consultez votre médecin avant de vous adonner à une nouvelle activité physique.

■ *Le bas du dos :* Tenez-vous debout, puis fléchissez la taille en essayant de toucher vos orteils ; conservez la position pendant 20 secondes ; répétez le mouvement autant de fois que vous le désirez. Mettez-vous en position assise, puis essayez de toucher le sol entre vos pieds, toujours en fléchissant la taille ; conservez la position pendant 10 secondes ; répétez autant de fois que vous le désirez. Lorsque je m'échauffe avant un match, je tiens un bâton sur mes épaules, parallèlement au sol, puis je pivote vers la gauche et vers la droite. Cet exercice relâche les muscles de mon dos.

■ *Les hanches :* Allongez-vous sur le dos ; croisez les mains sous le genou, au haut du tibia, puis tirez la jambe vers votre poitrine tout en gardant l'autre jambe allongée ; conservez la position pendant 20 secondes ; répétez avec l'autre jambe.

■ *La poitrine :* Mettez-vous debout ; croisez les mains derrière le dos puis soulevez-les en bombant le torse au maximum ; gardez la position pendant 20 secondes ; répétez autant de fois que vous le désirez.

■ *Les épaules :* Mettez-vous debout ; avec un bras par-dessus et un bras par-dessous, tentez de réunir vos mains au milieu de votre dos ; conservez la position pendant 20 secondes ; ensuite, inversez la position de vos bras et répétez le mouvement. Au début, vous pourrez à peine toucher le bout de vos doigts, mais ne désespérez pas : bientôt, vous pourrez réunir vos paumes dans votre dos.

■ *L'arrière de la jambe :* D'une position assise, écartez les jambes aussi loin que vous le pouvez, puis essayez de saisir votre pied gauche à deux mains sans plier les genoux ; gardez la position pendant 20 secondes ; répétez avec le pied droit.

■ *Mains et doigts :* Bien des golfeurs ne saisissent pas l'importance d'une bonne souplesse manuelle. Secouez les mains ainsi que le font les nageurs avant une épreuve. Cet exercice améliorera votre touche lors des coups délicats.

À moins que l'attente ne soit très longue, je reste debout en attendant mon tour.

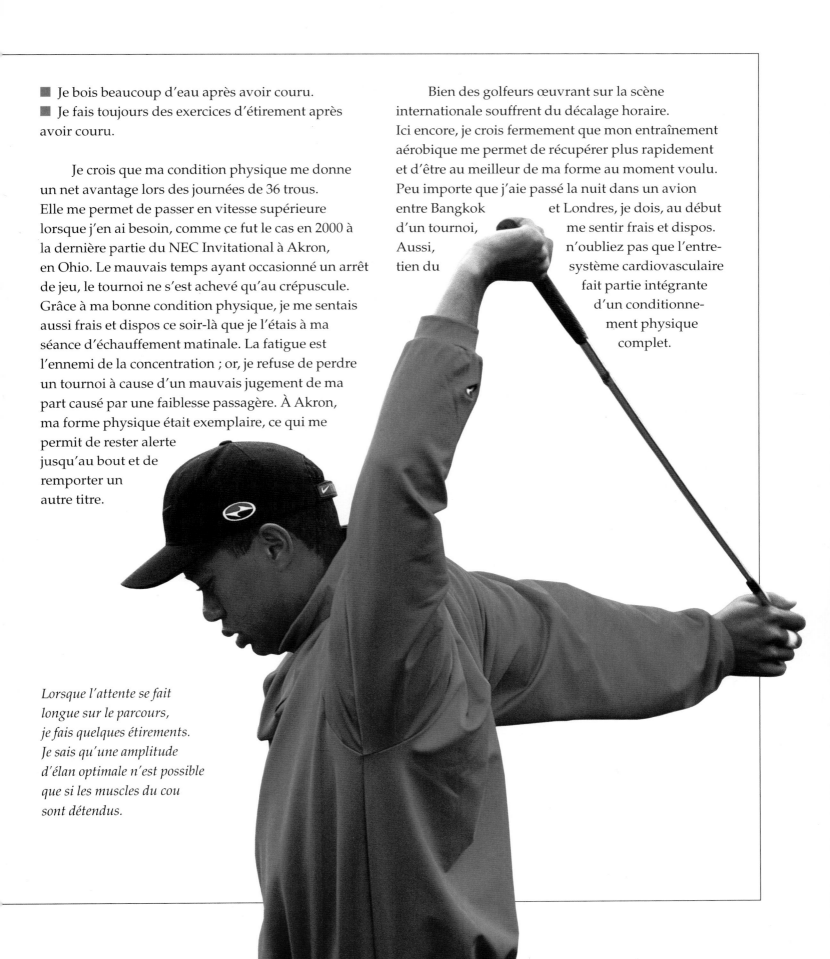

■ Je bois beaucoup d'eau après avoir couru.
■ Je fais toujours des exercices d'étirement après avoir couru.

Je crois que ma condition physique me donne un net avantage lors des journées de 36 trous. Elle me permet de passer en vitesse supérieure lorsque j'en ai besoin, comme ce fut le cas en 2000 à la dernière partie du NEC Invitational à Akron, en Ohio. Le mauvais temps ayant occasionné un arrêt de jeu, le tournoi ne s'est achevé qu'au crépuscule. Grâce à ma bonne condition physique, je me sentais aussi frais et dispos ce soir-là que je l'étais à ma séance d'échauffement matinale. La fatigue est l'ennemi de la concentration ; or, je refuse de perdre un tournoi à cause d'un mauvais jugement de ma part causé par une faiblesse passagère. À Akron, ma forme physique était exemplaire, ce qui me permit de rester alerte jusqu'au bout et de remporter un autre titre.

Lorsque l'attente se fait longue sur le parcours, je fais quelques étirements. Je sais qu'une amplitude d'élan optimale n'est possible que si les muscles du cou sont détendus.

Bien des golfeurs œuvrant sur la scène internationale souffrent du décalage horaire. Ici encore, je crois fermement que mon entraînement aérobique me permet de récupérer plus rapidement et d'être au meilleur de ma forme au moment voulu. Peu importe que j'aie passé la nuit dans un avion entre Bangkok et Londres, je dois, au début d'un tournoi, me sentir frais et dispos. Aussi, n'oubliez pas que l'entretien du système cardiovasculaire fait partie intégrante d'un conditionnement physique complet.

Mon programme de conditionnement physique a eu un impact marqué sur mes performances en tant que compétiteur.

Même au terme d'un rude championnat de 72 trous, mon niveau d'énergie est encore très haut.

La musculation vise le développement des muscles à l'aide de poids, d'haltères ou d'appareils de gymnase universel. Ce type d'exercice maximisera puissance et contrôle musculaire. Mon programme d'entraînement touche à tous les groupes de muscles : biceps, triceps, quadriceps, pectoraux et abdominaux. J'aime particulièrement faire des flexions. Nul homme n'ignore que les filles savent apprécier les beaux biceps !

Votre entraînement doit être régimenté et soutenu. Il est futile de faire de la musculation quelques jours puis négliger l'entraînement la semaine suivante. Que vous recherchiez puissance ou tonus musculaire, ce type d'entraînement vous demandera une bonne dose de détermination. Pour ma part, je vais au gymnase de trois à cinq fois par semaine. Au matin d'un tournoi, cependant, mon régime d'entraînement dépend de l'heure de départ. Si la partie commence très tôt, j'éliminerai sans doute la musculation pour me concentrer sur d'autres types d'exercices. Lors de ces séances matinales, mon but est d'être bien échauffé et de trouver mon rythme naturel. Au gymnase, je varie les charges et le nombre de répétitions en fonction du groupe musculaire sur lequel je travaille. Je réserverai par exemple la charge la plus lourde à mes jambes, qui sont la partie la plus forte de mon corps.

Avec des poids et haltères, je peux attaquer le muscle de diverses positions et selon des angles différents. Ce type d'équipement permet une amplitude de mouvement plus grande que le gymnase universel — j'utiliserai bien sûr ce dernier lorsque je n'ai pas accès à des haltères. Un autre avantage des poids et haltères est l'effort que l'on met à stabiliser la charge, faisant ainsi appel à une foule de petits muscles que nul autre type d'entraînement ne pourrait solliciter. Avant une séance de musculation, il est essentiel de faire des exercices d'étirement. Vous éviterez ainsi les blessures. Et ne manipulez jamais une charge lourde sans supervision ! Il est aussi recommandé de segmenter vos séances de

(Suite à la page 300)

EXERCICES DE RENFORCEMENT POUR LE GOLFEUR

La partie supérieure de votre corps est le moteur de votre élan. Tout comme le moteur de votre automobile, il doit être en parfaite condition pour donner des performances optimales, surtout lors d'une compétition. Voici quelques exercices visant à renforcer le haut du dos, les épaules, la poitrine, les bras et les abdominaux.

- **Dos :** tractions à la poulie haute.
- **Épaules :** rameur assis ; développés assis.
- **Pectoraux :** développés inclinés ou couchés. (Un autre exercice très populaire auprès de culturistes est l'écarté latéral. Allongez-vous sur un banc avec une haltère dans chaque main. Tenez les haltères à bout de bras de façon à ce que les paumes de vos mains soient orientées vers l'intérieur, puis écartez les bras vers le bas, de chaque côté du corps, en décrivant un grand arc. Ramenez ensuite les bras au-dessus de votre poitrine, comme au début. Gardez les coudes légèrement pliés tout au long de l'exercice.)
- **Triceps :** extensions à la poulie haute ; extensions par-dessus l'épaule avec haltère ; abaissements du fessier entre deux bancs.
- **Avant-bras :** flexions et extensions des poignets avec barre.
- **Abdominaux :** demi-redressements ; élévations de jambes.

Une exécution correcte du mouvement est aussi importante en musculation qu'au golf. N'oubliez pas d'user de prudence et de modération lors de votre séance d'entraînement. N'utilisez pas de charges trop lourdes pour vous. Une fois que vous aurez acquis une bonne force musculaire, il vous sera aisé de maintenir ce niveau et, croyez-moi, votre élan en bénéficiera grandement.

COMMENT UTILISER UN BÂTON LESTÉ

Une fois que vous aurez acquis un bon degré de flexibilité, vous verrez que votre niveau de performance s'améliorera en conséquence. Aussi, vous risquerez moins de vous blesser. Les exercices d'assouplissement forment une partie essentielle de tout régime d'entraînement. Personnellement, je m'entraîne une ou deux heures, entre trois et cinq fois par semaine selon les exigences de mon horaire. Avant une partie de golf, vous pouvez vous échauffer à l'aide d'un bâton lesté. Vous étirerez ainsi les mêmes muscles que vous utiliserez lors de l'élan. Élancez-vous lentement avec ce type de bâton, sinon vous risquez de vous blesser. Bien utilisé, le bâton lesté peut potentiellement accroître la vélocité de votre élan.

■ Faites d'abord quelques exercices d'étirement et d'échauffement.

■ Amorcez chaque élan à partir de la position initiale.

■ Exécutez le mouvement doucement afin d'éviter les blessures.

■ Contrôlez le mouvement ; ne laissez pas l'impulsion naturelle créée par le poids du bâton diriger votre élan.

■ Adoptez une posture correcte en portant une attention particulière à l'angle de votre colonne vertébrale.

musculation, travaillant par exemple la partie supérieure de votre corps un jour pour vous concentrer, à la séance suivante, sur vos jambes. Ou encore, entraînez-vous un jour sur deux. De cette façon, variant votre entraînement, vous maximiserez vos gains et vos séances de musculation vous paraîtront moins monotones. Vous pouvez même associer, dans la même journée, des exercices cardiovasculaires légers à une séance de musculation intense. En somme, vous devez déterminer ce qui fonctionne le mieux pour vous et adapter votre programme d'exercices en conséquence. Bien que ce ne soit pas

sa vocation première, la musculation sollicite sans contredit le système cardiovasculaire. Consultez votre médecin avant de vous y adonner.

Au golf, des jambes fortes sont le fondement d'un élan solide. Pour bien muscler les jambes, vous ferez des flexions, des extensions, des développés, ainsi que des accroupissements. Ce dernier exercice est le plus important de tous. Il sollicite le bas du dos, les quadriceps, les muscles fessiers et les ischio-jambiers. L'accroupissement, ou fléchissement des jambes, est une excellent exercice, capable de développer à la fois puissance et endurance. Soyez prudent

(Suite à la page 304)

*Grâce à un strict programme
de musculation, j'ai pu développer
la partie supérieure de mon corps.*

LE PALMARÈS DES BONS ET DES MAUVAIS ALIMENTS

Les 10 meilleurs sur le plan nutritif :

- Fruits et légumes de couleur orangée
  — cantaloupe, patates douces, courges et carottes.
- La plupart des fruits et légumes
- Dinde
- Céréales de grains entiers
- Poisson grillé ou cuit au four
- Poulet grillé ou cuit au four
- Lait écrémé
- Blancs d'oeufs
- Riz
- Boissons gazeuses diététiques

Les 10 pires sur le plan des calories vides :

- Pizza
- Crème glacée
- Gâteau au fromage
- Rosbif
- Poulet frit
- Poisson frit
- Sauce brune
- Croustilles
- Jambon
- Boissons gazeuses

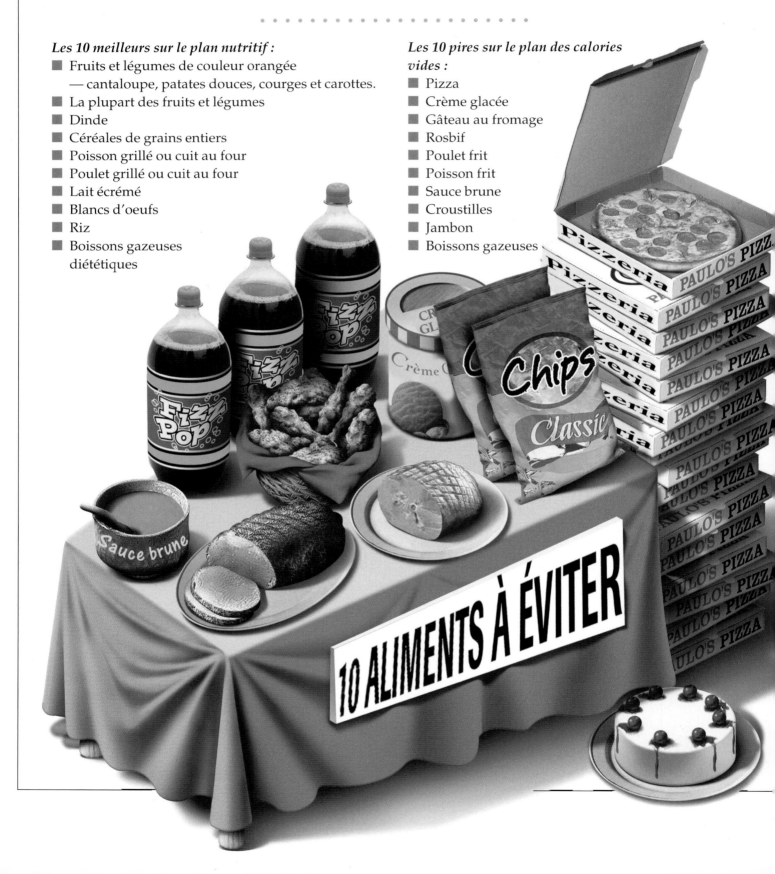

10 ALIMENTS GAGNANTS

cependant : on se froisse facilement un muscle avec ce type d'exercice. Alors allez-y mollo ! Une personne jeune ou d'âge moyen voulant s'adonner à la musculation devrait faire deux séries pour chaque exercice. La première sera de 10 à 12 répétitions avec une charge moyenne. À la seconde série, augmentez la charge de 15 à 20 % ; le poids doit être ici suffisant pour épuiser le muscle après sept ou huit répétitions. La légère douleur que vous ressentirez est normale : elle signifie que l'exercice vous est profitable.

Changer mes habitudes alimentaires ne fut pas une tâche facile. C'est que j'adore la pizza, les hamburgers, les frites et autres mets du genre. J'aimais bien aussi prendre une ou deux bières avec les copains. Mais j'ai vite appris que pour atteindre une forme physique optimale, je devais éliminer aliments gras et aliments vides de mon menu. Maintenant, pour un poids de 180 livres, mon taux de tissu adipeux n'est que de 5 %. Et l'effort en valait la chandelle. J'ai maintenant plus d'énergie et d'endurance que jamais.

Une saine alimentation m'aide à mieux composer avec les rigueurs du climat. Lorsque le temps se fait chaud et humide, j'évite la déshydratation en buvant beaucoup d'eau.

Malheureusement, je ne peux vous conseiller un régime alimentaire plutôt qu'un autre. Chaque personne est différente, et ce qui est bon pour moi ne le sera pas nécessairement pour vous. Cela dit, il est évident que certains types d'aliments sont carrément mauvais pour la santé. Ainsi, je vous recommanderai d'éviter les produits laitiers tels le fromage, la crème et le lait. Si vous aimez la viande — je ne suis pas végétarien et vous n'avez pas à le devenir non plus —, optez pour une viande maigre. J'aime toujours les hamburgers, mais ils ne font plus partie de mon menu régulier. Tout

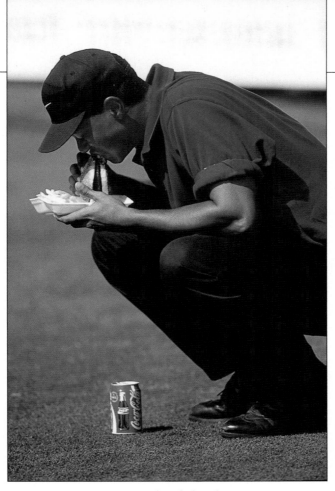

Je ne mange plus de hamburgers ni de frites pendant un tournoi.

est bon en modération. L'important est que vous trouviez ce qui fonctionne pour vous. Et puis, vos séances de conditionnement physique vous seront plus profitables si vous mangez sainement.

Les règles d'or de mon alimentation :

■ J'évite de jouer au golf l'estomac vide. Mangez au moins deux heures avant une partie, ce qui vous donnera assez de temps pour digérer.

■ Je bois beaucoup d'eau avant et pendant une partie.

■ Je combats la déshydratation avec des boissons énergétiques.

■ Les fruits, en particulier les pommes et les bananes, sont une bonne source d'énergie.

■ J'évite le chocolat durant une partie ; je veux que mon taux de sucre demeure constant.

■ Pour conserver un niveau d'énergie constant,

j'ai toujours quelques tablettes énergétiques dans mon sac de golf.

■ À la halte se trouvant à mi-parcours, j'évite les aliments lourds et gras tels hamburgers et chiens chauds ; ces aliments me rendent léthargique.

■ J'évite les repas tardifs ; je veux digérer mon repas avant de me coucher.

■ Au dessert, je mange des fruits ou du yogourt glacé.

Bien que je raffole toujours du riz aux mangues que prépare ma mère, j'essaie autant que possible d'éviter le sucre et le sel. Les aliments gras sont aussi à éviter, mais n'oubliez pas que le corps a besoin d'une certaine quantité de lipides pour se maintenir en santé.

Je vous ai déjà avoué mon faible pour la restauration rapide. Je me souviens de la façon dont mon père me sermonnait autrefois à ce sujet. « Profites-en tant que tu es jeune, me disait-il. Tu sais que cette nouriture est mauvaise pour la santé. Un jour, tu comprendras l'importance d'une bonne alimentation. » En somme, il me disait que c'était ma responsabilité, mais j'ai surtout compris qu'il ne m'empêcherait pas de m'empiffrer de hamburgers et de frites. Heureux de l'entendre. « Je sais qu'un jour tu sauras prendre ta santé en main », ajouta-t-il. Et il avait raison. Ce jour est venu plus tôt que je ne le croyais… et je ne m'en porte que mieux. De même, vous êtes seul responsable de votre alimentation. Libre à vous de vous faire du bien !

CERTAINS COUPS NÉCESSITENT UNE BONNE FORCE PHYSIQUE

Je possède maintenant dans mon arsenal bon nombre de coups qui sont directement imputables à l'accroissement de ma force physique. Il y a deux ou trois ans, je n'aurais jamais pu réussir un coup en flèche ; mes poignets et mes avant-bras n'étaient tout simplement pas assez robustes. L'essentiel de mon jeu reposait alors davantage sur mon talent naturel. Au golf, aucun atout n'est à négliger. En ce qui me concerne, la force physique est assurément un de ces atouts.

•12•
L'ART DU GOLF

SAVOIR S'AMUSER

Je sais qu'un grand nombre de néophytes pensent que le golf est un sport trop difficile pour eux. Ils deviennent frustrés et abandonnent pour de bon. Je connais aussi de très bons golfeurs qui ont connu à un moment ou à un autre un certain succès dans le domaine, mais qui ont fini par perdre le feu sacré. Eux aussi ont abandonné. Je crois que tous ces gens qui ont mis le golf au rancart ont oublié qu'il s'agit d'abord et avant tout d'un jeu. J'ai pratiqué plusieurs sports étant jeune. J'aimais bien la course à pied, entre autres. Pourtant, c'est le golf qui m'a conquis. C'est le sport dont la pratique me procurait et me procure encore le plus de plaisir.

Je vous ai déjà dit comment le golf a été pour moi comme un ami d'enfance. Tandis que les autres enfants s'ennuyaient à la maison par jours de pluie, moi, je m'amusais à larguer des coups bombés par-dessus la table du salon, m'exerçant à ce que la balle s'arrête juste devant le foyer. Je n'ai jamais brisé quoi que ce soit, quoique je sois souvent passé à un cheveu de la catastrophe. Si ma mère avait su que je frappais des balles de golf dans son salon, je vous jure que ç'aurait été ma fête ! Alors je jouais sans faire de bruit, et je crois bien que la peur de me faire prendre valait la pression de tous les tournois du monde.

En été, mon père me menait au club de golf Heartwell avant d'aller travailler. C'est là que je passais mes journées. J'y arrivais à 9 heures du matin pour me diriger avec empressement vers le terrain d'exercice. Ensuite, je jouais un neuf trous, faisais une pause à l'heure du dîner, puis je jouais un autre neuf trous en après-midi. En fin de journée je me concentrais sur le petit jeu jusqu'à ce que mon père vienne me chercher au retour du travail. C'est à Heartwell que j'ai rencontré Stuart Reed, qui à l'époque évoluait sur le circuit de la PGA en Europe. Nous sommes vite devenus amis. Nous faisions de nos séances d'entraînement de véritables duels. N'ayant alors que 5 ou 6 ans, je ne pouvais égaler ses coups de longue portée, mais je lui donnais du fil à retordre avec mes coups d'approche et mes roulés. Nous nous amusions parfois à rouler la balle derrière un lampadaire ou à la lober dans une poubelle. Ou encore nous inventions toutes sortes de positions difficiles rien que pour le plaisir de trouver de nouvelles façons de nous en sortir. Le golf était pour moi un jeu. Au fond, rien n'a changé.

Et je ne m'amusais jamais autant que lorsque je jouais avec mon père. Nous menions parfois une lutte acharnée. Il m'octroyait une normale à chaque trou en calculant le nombre de coups que je mettrais à atteindre le vert et en y ajoutant deux roulés. Par exemple, comme il me fallait à l'époque quatre coups pour toucher le vert sur un trou à normale 4, ma normale

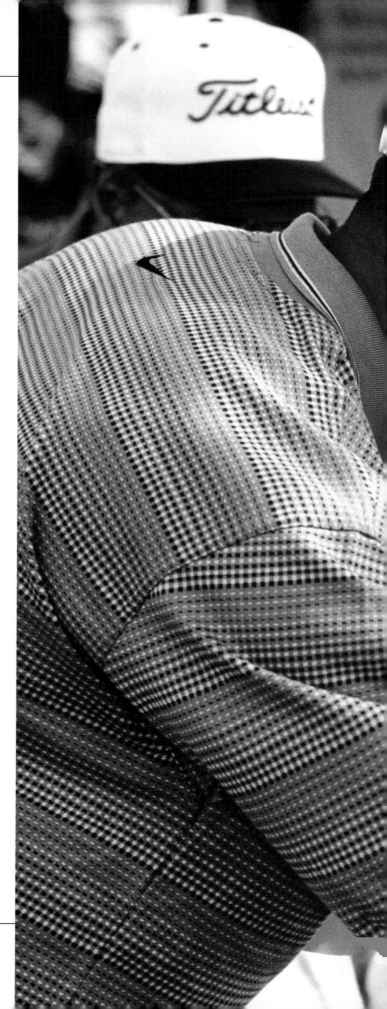

pour ce trou était de 6. Nous inventions aussi toutes sortes de jeux. Parfois mon père choisissait une cible et alors c'était à celui qui enverrait sa balle le plus près de cette cible. Le hic était qu'on ne pouvait jamais l'atteindre en ligne directe ; il fallait toujours faire un crochet ou varier la trajectoire de la balle d'une façon ou d'une autre. Certains des coups que j'utilise en compétition sont issus de ces jeux qu'inventait mon père. Je me rappelle nos rires et comment nous partions ensuite, main dans la main, pour nous rafraîchir au pavillon.

On ne devrait jamais s'ennuyer au golf. Et surtout pas lorsqu'on s'y exerce ! Je m'amuse autant sur le terrain et le vert d'exercice que sur le parcours proprement dit. J'adore peaufiner mon élan ou me prouver que je peux exécuter tel ou tel coup à volonté. Voici quelques jeux qui, tout en ajoutant du piquant à vos séances d'entraînement, contribueront à faire de vous un golfeur ou une golfeuse croyant en ses capacités :

Le jeu de la distance

Après mes coups d'échauffement, je me fixe toujours une distance-cible sur le terrain d'exercice. Ici, le panneau indicateur de 150 verges sera votre cible. Débutant avec le bâton qui vous mène normalement à cette distance (pour moi, c'est le fer n° 9), passez d'un bâton à l'autre jusqu'au fer n° 2, vous efforçant de frapper la balle toujours à la même distance. Cet exercice vous aidera à contrôler la portée de vos coups en variant la vélocité de votre élan.

Le 9

Prenez position à environ cinq verges du vert d'exercice. Munissez-vous de neuf balles et de trois bâtons, soit le cocheur de sable, le cocheur d'allée et le fer n° 8 (que je remplace parfois par mon bois n° 3). Visant le trou qui est le plus éloigné de vous, vous frapperez trois balles avec chaque bâton, essayant de vous rendre à chaque fois le plus près du trou possible. Notez bien vos résultats. Vous serez étonné de voir à quel point cet exercice affinera votre jeu en périphérie du vert.

Afin de maintenir un bon équilibre psychique,
il est impératif de s'accorder des moments de détente.
Le spécialiste des tours d'adresse Dennis Walters participe
souvent, en compagnie de son chien Benji Hogan,
aux prestations publiques que j'organise.
Nous nous amusons beaucoup tous les trois.

À l'occasion des prestations que je destine aux jeunes, j'exécute quelques tours d'adresse…

La joute roulée

Ce jeu se joue à deux. Sur le vert, placez vos balles à distance égale, aussi loin que possible du trou. À tour de rôle, chaque joueur effectuera un roulé. Si aucun des deux n'empoche la balle, celui qui est le plus éloigné du trou ajoutera une longueur de bâton de plus à cette distance. Le but du jeu est d'empocher la balle en un minimum de coups. Le gagnant choisira le point de départ de la manche suivante. Il n'existe pas de meilleur exercice pour les roulés d'approche.

C-H-E-V-A-L

Voici un autre concours de roulé qui se joue à deux. Déterminez à pile ou face qui jouera le premier. Il s'agit, partant du même point du vert, de jouer jusqu'à ce que l'on empoche la balle. Le joueur ayant obtenu la marque la plus haute se verra attribuer une lettre pour chaque coup additionnel. Le gagnant de la manche jouera en premier à la manche suivante. Le premier joueur à épeler « cheval » perd la partie.

Le lob dans le sac

Pour améliorer vos coups lobés, je vous propose ce jeu tout simple. Déposez votre sac à balles sur le sol

Or, il arrive qu'un petit malin remplace mon projectile par une balle truquée qui se pulvérise au moment de l'impact. Très drôle !

à une distance d'environ 15 verges puis, à l'aide de votre cocheur de sable, tentez de lober la balle directement dans le sac.

Le bâton manquant

À moins que nous soyons à nous entraîner sérieusement en vue d'un tournoi, mes amis et moi aimons bien trouver de nouvelles façons de nous distraire lorsque nous jouons au golf. Voici un de ces jeux amusants où le meilleur finit le plus souvent par perdre la partie. Il se joue en équipe. À chaque trou, l'équipe ayant obtenu la meilleure marque doit retirer un bâton de son sac, choisi par l'équipe per-

dante. Ainsi, mieux une équipe joue et plus son choix de bâton s'amenuise.

Le chat et la souris

Idéalement, ce jeu se joue à quatre. Au départ de chaque trou, un joueur différent sera désigné comme étant le « chat », ce qui lui donne le privilège, une fois que chaque joueur aura effectué son coup de départ, de se choisir un partenaire pour ce trou, ou encore de jouer seul contre trois adversaires. On jouera ici seize trous, ce qui fait que chaque joueur sera le chat à quatre reprises. Le partenaire choisi par le chat pourra cependant refuser cette alliance et deviendra alors la

*Je n'ai rien d'un comédien, pourtant j'aime bien blaguer,
même dans le feu de la compétition; cela contribue
à alléger la tension.*

« souris ». En ce cas, c'est lui qui jouera seul contre les trois autres. Le joueur qui empochera la balle en premier récoltera, pour lui ou pour son équipe, un point. Le perdant est celui qui aura obtenu le moins de points.

Le parapluie

Ce jeu se joue en équipe. La première équipe à récolter six points gagne. À chaque trou, on octroiera un point au joueur ayant obtenu la marque la plus basse, un autre à celui dont la balle aura atterri sur le vert le plus près du poteau et un point pour chaque oiselet. Au terme de chaque trou, l'équipe ayant obtenu le plus haut pointage doit concéder un de ses points à l'équipe adverse, et deux points supplémentaires

seront accordés à l'équipe dont la marque totale est la plus basse. Si une équipe récolte ses six points en un seul trou, ce total sera doublé et l'équipe perdante devra ouvrir son parapluie, symbole de sa défaite.

Vegas

Il est ici essentiel de bien noter à chaque trou la marque individuelle de chaque joueur d'une équipe, car ces marques seront mises côte à côte. La marque la plus basse sera placée en premier. Ainsi, si j'ai joué un 4 et que mon partenaire a joué un 6, cela nous donne un résultat de 46. L'équipe ayant le résultat le plus bas obtiendra un pointage qui est la différence entre les deux résultats. Ainsi, si l'équipe adverse obtient un 41 pour mon 46, elle se verra octroyée cinq points. Si une équipe réussit un oiselet, alors le résultat de l'autre équipe est inversé au lieu de 47, par exemple, son résultat sera de 74. Si les deux équipes réussissent un oiselet, alors les deux résultats seront inversés et les points iront, comme d'habitude, à l'équipe dont le résultat est le plus bas.

Cela peut sembler incroyable, mais je m'amuse même aux derniers trous d'un tournoi, alors que la tension se fait pratiquement insoutenable. Et je ne suis pas seul à penser ainsi. Soit, chaque golfeur exprimera différemment son amour du combat – Lee Trevino et Chi Chi Rodriguez aiment blaguer et distraire la foule ; le sourire resplendissant d'Arnold Palmer sait égayer même les luttes les plus chaudes –, mais même les golfeurs en apparence stoïques admettent que les meilleurs moments de leur vie sont ceux qu'ils ont passé sur un terrain de golf, à défendre un titre. Bien normal. À quoi bon jouer au golf si on ne s'amuse pas ?

Pour ma part, j'éprouve un plaisir intense lorsque je donne le meilleur de moi-même. Il m'arrive même de me surprendre. Ce fut le cas lorsque je remportai mon second Tournoi des Maîtres, ce qui

m'a permis d'être le tenant du titre des quatres championnats majeurs. Or, même si j'avais travaillé très fort pour en arriver là, le fait que j'avais réussi cet exploit me sidérait. À la dernière partie de ce tournoi, la compétition fut féroce et inoubliable : David Duval jouait comme un forcené et Phil Mickelson m'a talonné jusqu'au bout. Rien n'est comparable en intensité à ce genre de rivalité. Au bout du compte, sans doute la chance m'a-t-elle souri davantage puisque j'ai gagné…, mais je dirais que, ce jour-là, il n'y avait pas de perdants au Augusta National.

Je sais que le golf m'a beaucoup donné. Une de mes plus grandes joies est de donner quelque chose en retour. J'adore travailler avec les enfants. Mon but est de les aider à réaliser leurs rêves, quels qu'ils soient. La gratitude que j'éprouve à l'endroit de ceux qui m'ont permis de réaliser mes propres rêves me

Que l'on dispute un match important ou que l'on écrive un livre, je crois qu'il faut savoir relaxer, se détendre. C'est une attitude qui m'a bien réussi jusqu'à maintenant.

pousse à aider autrui. Je sais que bien des jeunes me prennent en exemple et je ne prends pas ce rôle à la légère. Je crois sincèrement que je peux améliorer le sort des gens qui m'entourent en exerçant sur eux une influence positive. Rien ne me fait plus chaud au cœur que le sourire d'un golfeur ou d'une golfeuse en herbe à qui je viens de donner quelques conseils pratiques. Et tous ces instants de partage, je les dois au golf. Je veux qu'ils soient à la mesure de la joie que ce sport m'a procurée.

Mes parents sont en grande partie responsables de ce que je suis aujourd'hui. Il m'ont appris à partager mon temps, mon talent et, plus que tout, à aimer. Je n'oublierai jamais les tendres leçons de ma jeunesse. J'espère que ce livre vous aura touché de la même façon. J'aime le golf pour bien des raisons, mais, aujourd'hui, je peux dire que je l'aime parce qu'il m'aura permis de vous donner le meilleur de moi-même. Or, y a-t-il plus grande joie ?

Je suis conscient que bien des jeunes prennent exemple sur moi. C'est une responsabilité qui me tient à cœur.

Bien jouer au golf est une question d'attitude :
il est important de savoir savourer les bons moments et de s'amuser en cours de route…
sans quoi la qualité de notre jeu en souffrirait.

ÉPILOGUE

Une fois que j'ai eu complété l'écriture de cet ouvrage, je me suis demandé comment le golfeur moyen devait l'aborder afin d'en tirer le maximum. Une anecdote me vint alors à l'esprit. Cela se passait en 1996, durant la seconde partie du Championnat amateur des États-Unis à Pumpkin Ridge. J'avais, au 16e trou, effectué une puissante décoche qui n'a malheureusement su atteindre l'allée. Je trouvai ma balle nichée dans l'herbe longue. J'allais nerveusement empoigner un bâton pour effectuer cette récupération difficile, lorsque j'entendis une voix familière clamer: « Du point de vue statistique, cela ne constitue pas un coup fait à partir de l'allée! »

Levant les yeux, j'aperçus mon père se tenant sous un arbre, avec aux lèvres un petit sourire badin. Je me suis dit que c'était tout à fait son genre de me lancer un commentaire pareil alors que je disputais le tournoi le plus important de ma vie. Je n'ai pu m'empêcher de secouer la tête en rigolant. En fait, cette remarque était conforme à la façon dont mon père m'a élevé : au golf, comme en toutes choses, il faut se montrer attentif aux petits détails, ne jamais prendre de confortables raccourcis. Il m'a appris que c'est en formulant un plan d'attaque précis et en procédant ensuite de façon systématique que l'on atteint ses objectifs ; cette approche avait le mérite de me forcer à faire face à mes bévues et à mes faiblesses. C'est de ce type de rigueur dont vous avez besoin pour tirer le maximum de cet ouvrage. Maintenant que vous l'avez lu une fois, relisez-le. Vous concentrant sur chacune de ses sections, appliquez-vous à assimiler la technique qui y est exposée en la répétant assidument. Ne passez à la section suivante qu'une fois cette technique maîtrisée. Vous verrez que l'effort en vaut la peine, que ce qui vous apparaîtra d'abord telle une corvée se révélera vite un exercice plaisant et enrichissant. La raison pour laquelle j'aime tant me rendre au terrain d'exercice est que j'ai l'intime conviction qu'il existe, à chaque problème, une solution.

J'espère que, déjà, ce livre aura su hausser vos capacités en tant que golfeur. Quoi qu'il en soit, ce fut pour moi un réel plaisir et un privilège que de partager avec vous mes connaissances en la matière.

TIGER WOODS, *automne 2001*